JLPT
일본어능력시험

한권으로 끝내기 보카 N3

김성곤 지음

다락원

JLPT 일본어능력시험
한권으로 끝내기 보카 N3

지은이 김성곤
펴낸이 정규도
펴낸곳 (주)다락원

초판 1쇄 발행 2025년 1월 24일

책임편집 손명숙, 송화록
디자인 황미연, 장미연(표지)

다락원 경기도 파주시 문발로 211
내용문의: (02)736-2031 내선 460~466
구입문의: (02)736-2031 내선 250~252
Fax: (02)732-2037
출판등록 1977년 9월 16일 제406-2008-000007호

ISBN 978-89-277-1303-6 14730
978-89-277-1301-2 (set)

http://www.darakwon.co.kr

- 다락원 홈페이지를 방문하시면 상세한 출판 정보와 함께 동영상 강좌, MP3 자료 등 다양한 어학 정보를 얻으실 수 있습니다.
- 다락원 홈페이지에 접속하시거나 표지의 QR코드를 스캔하시면 MP3 파일 및 관련자료를 다운로드 하실 수 있습니다.

머리말

일본어능력시험은 일본어 능력을 객관적으로 측정하는 가장 공신력 있는 시험으로, N5부터 N1까지 다섯 레벨이 있습니다. 각 레벨의 시험 영역 중에서 가장 기본이 되는 것은 역시 문자·어휘에 대한 이해, 즉 어휘력입니다. 본서는 일본어능력시험의 각 레벨에 필요한 어휘를 터득하는 것을 목표로 하고 있습니다.

상위 레벨로 올라갈수록 학습해야 할 단어가 많아지기 때문에, 무조건 외우기 보다는 출제 빈도가 높은 단어를 중심으로 학습하는 것이 효율적입니다. 본서는 35년 이상에 걸친 일본어능력시험의 출제 내용에 근거하여 약 8,000개의 어휘를 레벨별로 정리하여 제공하고 있습니다.

이 책을 학습할 때는 응시하고자 하는 레벨은 물론이고, 그 아래 하위 레벨의 단어도 학습할 필요가 있습니다. 예를 들어, N2를 응시하는 사람은 N3의 내용도 함께 학습하세요. N2는 N3 레벨의 내용을 포함하여 출제되기 때문입니다.

저자의 오랜 수험 경험과 지도 경험을 통해 볼 때 이 책만으로도 철저한 능력시험 대비는 물론, 여러분들의 일본어 실력 향상에도 도움이 되리라 확신합니다. 최고의 학습법은 반복입니다. 막연하게 어디선가 본 듯한 느낌만으로는 시험에 대비할 수 없습니다. 자신이 생길 때까지 지속적으로 반복하여 학습하기를 권합니다.

마지막으로 이 책이 발간되기까지 많은 격려를 해주신 다락원 정규도 사장님과 일본어출판부 관계자분들께 이 자리를 빌어 감사를 드립니다.

저자 김성곤

차례

구성과 특징

1 품사별 + あいうえお순 구성

일본어능력시험 N5와 N4에 필요한 어휘와 함께 대표적인 용례들을 실었습니다. 수록된 모든 단어에 예문이 실려 있어 제시된 단어의 적절한 의미와 활용을 묻는 '용법' 유형의 문제에 대응할 수 있습니다.

2 2가지 버전의 MP3 파일

MP3 형식의 음성 파일을 2가지 버전으로 제공합니다. 단어와 예문의 네이티브 음성을 듣는 학습용 MP3와, 단어만을 모아 일본어 음성과 한국어 의미를 들려주는 암기용 MP3가 있습니다. 학습용은 책과 함께 차분하게 공부할 때, 암기용은 지하철이나 버스 등에서 책 없이 단어를 암기할 때 활용하면 좋습니다.

3 학습 스케줄

규칙적이고 효율적인 학습을 지속적으로 할 수 있도록 레벨별 30일 완성 학습 스케줄을 제공합니다.

4 Level별 문자·어휘 모의고사

학습 달성도를 확인할 수 있도록 실제 시험과 동일한 형식의 문자·어휘 모의고사를 제공합니다. 모의고사 문제를 풀며 실제 시험에 대비할 수 있습니다.

5 일일 쪽지시험

하루 분량의 학습을 마친 후 단어를 확실히 외웠는지 쪽지시험을 통해 확인할 수 있습니다. 쪽지시험은 다락원 홈페이지 학습자료실에서 다운받을 수 있습니다.

학습 방법

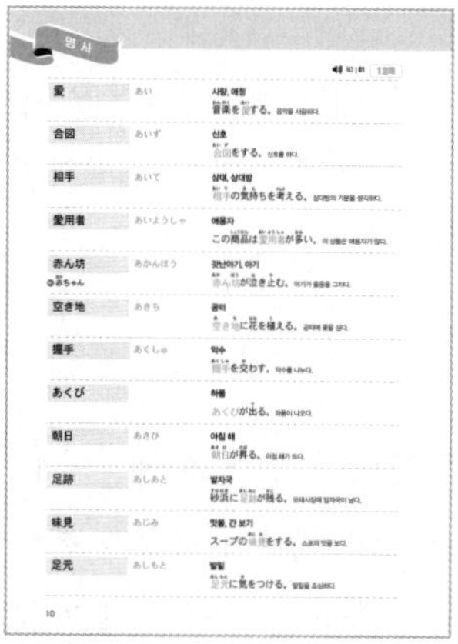

◀ **단어**

단어를 품사별 + あいうえお순으로 나누어 수록하였습니다. 수록된 모든 단어에 예문을 실어 단어가 실제로 어떻게 쓰이는지 확인할 수 있습니다.

- ⊕ 추가단어
- ⟷ 비슷한 말
- ⊖ 반대말

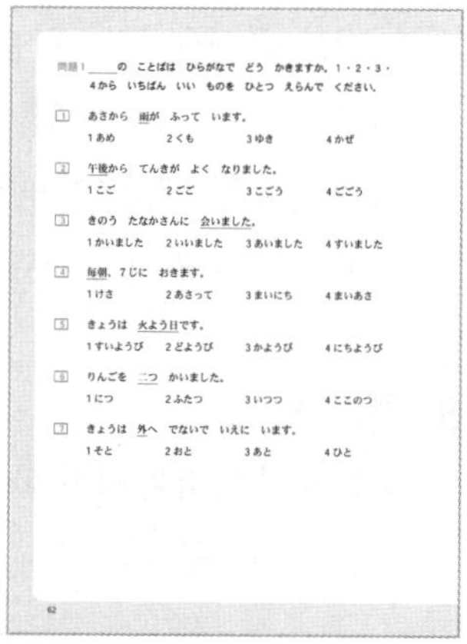

모의고사 ▶

단어 학습을 마치면 실제 JLPT 시험 형식의 문자·어휘 파트 모의고사로 실력을 체크해봅시다. 해석과 답은 바로 뒤에 실려 있습니다.

◀ **쪽지시험**

하루 분량의 학습을 끝낸 후 쪽지시험을 통해 단어를 확실히 암기했는지 확인합시다. 다락원 홈페이지에서 다운로드 받으세요.

MP3 활용법

버전1 학습용

단어와 예문의 네이티브 음성이 모두 들어 있습니다. 함께 들으면서 학습하면 자연스러운 일본어 발음을 익힐 수 있습니다.

버전2 암기용

일본어-한국어 순으로 단어만을 모아 놓았기 때문에 책이 없어도 지하철이나 버스 등에서 단어를 외울 수 있습니다.

학습 스케줄

매일 스케줄에 맞추어 하루 분량을 학습한 후 다락원 홈페이지 학습자료실에서 쪽지시험을 다운로드하여 확실히 단어를 암기했는지 꼭 체크해보세요.

N3

1일째	2일째	3일째	4일째	5일째
명사 10~14	명사 15~19	명사 20~24	명사 25~29	명사 30~34
6일째	**7일째**	**8일째**	**9일째**	**10일째**
명사 35~39	명사 40~44	명사 45~49	명사 50~54	명사 55~59
11일째	**12일째**	**13일째**	**14일째**	**15일째**
명사 60~64	명사 65~69	명사 70~74	명사 75~79	명사 80~84
16일째	**17일째**	**18일째**	**19일째**	**20일째**
명사 85~89	명사 90~94	명사 95~99	동사 100~104	동사 105~109
21일째	**22일째**	**23일째**	**24일째**	**25일째**
동사 100~114	동사 115~119	동사 120~124	동사 125~129	い형용사 130~134
26일째	**27일째**	**28일째**	**29일째**	**30일째**
な형용사 135~141	부사 142~146	부사 147~151	가타카나 152~157	가타카나 158~163

※숫자는 해당 page를 나타냄

JLPT 보카 N3

합격단어

명사 | 동사 | い형용사
な형용사 | 부사 | 가타카나

愛	あい	**사랑, 애정** 音楽(おんがく)を愛(あい)する。 음악을 사랑하다.
合図	あいず	**신호** 合図(あいず)をする。 신호를 하다.
相手	あいて	**상대, 상대방** 相手(あいて)の気持(きも)ちを考(かんが)える。 상대방의 기분을 생각하다.
愛用者	あいようしゃ	**애용자** この商品(しょうひん)は愛用者(あいようしゃ)が多(おお)い。 이 상품은 애용자가 많다.
赤ん坊 ㊐ 赤(あか)ちゃん	あかんぼう	**갓난아기, 아기** 赤(あか)ん坊(ぼう)が泣(な)き止(や)む。 아기가 울음을 그치다.
空き地	あきち	**공터** 空(あ)き地(ち)に花(はな)を植(う)える。 공터에 꽃을 심다.
握手	あくしゅ	**악수** 握手(あくしゅ)を交(か)わす。 악수를 나누다.
あくび		**하품** あくびが出(で)る。 하품이 나오다.
朝日	あさひ	**아침 해** 朝日(あさひ)が昇(のぼ)る。 아침 해가 뜨다.
足跡	あしあと	**발자국** 砂浜(すなはま)に足跡(あしあと)が残(のこ)る。 모래사장에 발자국이 남다.
味見	あじみ	**맛봄, 간 보기** スープの味見(あじみ)をする。 스프의 맛을 보다.
足元	あしもと	**발밑** 足元(あしもと)に気(き)をつける。 발밑을 조심하다.

汗	あせ	**땀**	汗(あせ)をかく。 땀을 흘리다.
当たり前	あたりまえ	**당연**	これは当(あ)たり前(まえ)のことだ。 이것은 당연한 일이다.
悪化	あっか	**악화**	状況(じょうきょう)が悪化(あっか)する。 상황이 악화되다.
集まり	あつまり	**모임**	人(ひと)の集(あつ)まりに出(で)る。 사람들 모임에 나가다.
あて先	あてさき	**수신자, 수신인, 수신처**	手紙(てがみ)のあて先(さき)を書(か)く。 편지의 수신인을 쓰다.
穴	あな	**구멍**	壁(かべ)に穴(あな)が開(あ)く。 벽에 구멍이 나다.
油	あぶら	**기름**	油(あぶら)で揚(あ)げる。 기름에 튀기다.
雨戸	あまど	**덧문**	雨戸(あまど)を閉(し)める。 덧문을 닫다.
網戸	あみど	**방충망**	網戸(あみど)を開(あ)ける。 방충망을 열다.
あれこれ		**이것저것, 여러 가지**	あれこれ考(かんが)える。 이것저것 생각하다.
泡	あわ	**거품**	泡(あわ)が立(た)つ。 거품이 일다.
案	あん	**안**	新(あたら)しい案(あん)を出(だ)す。 새로운 안을 내놓다.
暗記	あんき	**암기**	詩(し)を暗記(あんき)する。 시를 암기하다.

胃 い

위, 위장

胃(い)が痛(いた)い。 위가 아프다.

怒り いかり

분노

怒(いか)りを我慢(がまん)する。 분노를 참다.

息 いき

숨, 호흡

息(いき)をする。 숨을 쉬다.

意義 いぎ

의의

参加(さんか)することに意義(いぎ)がある。 참가하는 데 의의가 있다.

勢い いきおい

기세

すごい勢(いきお)いで動(うご)き出(だ)す。
대단한 기세로 움직이기 시작하다.

息抜き いきぬき

휴식, 잠시 숨을 돌림

仕事(しごと)も息抜(いきぬ)きが必要(ひつよう)だ。 일도 휴식이 필요하다.

生き物 いきもの

생물

海(うみ)の生(い)き物(もの)を観察(かんさつ)する。 바다 생물을 관찰하다.

育児 いくじ

⊜ 子育(こそだ)て

육아

育児(いくじ)に追(お)われる。 육아에 쫓기다.

以後 いご

이후

以後(いご)気(き)をつけます。 이후로 조심하겠습니다.

以降 いこう

이후

10時(じゅうじ)以降(いこう)は店(みせ)を閉(し)める。 10시 이후에는 가게를 닫는다.

意思 いし

의사, 생각, 의견

自分(じぶん)の意思(いし)を伝(つた)える。 자기 의사를 전하다.

医師 いし

의사

医師(いし)に相談(そうだん)する。 의사와 상담하다.

意志 いし

의지, 의향

強(つよ)い意志(いし)を持(も)つ。 강한 의지를 가지다.

異常	いじょう	**이상** 体(からだ)の異常(いじょう)を発見(はっけん)する。 몸의 이상을 발견하다.
以前	いぜん	**이전** 午後(ごご)5時(じ)以前(いぜん)に終(お)わる。 오후 5시 이전에 끝나다.
板	いた	**판자, 널빤지** 板(いた)の上(うえ)に本(ほん)を置(お)く。 판자 위에 책을 놓다.
痛み	いたみ	**아픔, 고통** 痛(いた)みを感(かん)じる。 아픔을 느끼다.
位置	いち	**위치** 現在(げんざい)の位置(いち)を確(たし)かめる。 현재의 위치를 확인하다.
市場	いちば	**시장(주로 재래시장을 말함)** 家(いえ)の近(ちか)くに市場(いちば)がある。 집 근처에 시장이 있다.
一部	いちぶ	**일부** 一部(いちぶ)の人(ひと)が反対(はんたい)する。 일부 사람이 반대하다.
一流	いちりゅう	**일류** 一流(いちりゅう)の職人(しょくにん)になりたい。 일류 장인이 되고 싶다.
一生	いっしょう	**일생, 평생** 一生(いっしょう)の思(おも)い出(で)になる。 평생의 추억이 되다.
一方通行	いっぽうつうこう	**일방통행** この道(みち)は一方通行(いっぽうつうこう)だ。 이 길은 일방통행이다.
移動	いどう	**이동** 別(べつ)の場所(ばしょ)に移動(いどう)する。 다른 장소로 이동하다.
いとこ		**사촌** いとこに会(あ)う。 사촌을 만나다.
居眠り	いねむり	**앉아서 조는 것** 授業中(じゅぎょうちゅう)に居眠(いねむ)りをする。 수업 중에 졸다.

違反	いはん	**위반** 交通違反をする。 교통 위반을 하다.
居間	いま	**거실** 居間でテレビを見る。 거실에서 텔레비전을 보다.
医療 ⊕ **医療費** 의료비	いりょう	**의료** 医療サービスを受ける。 의료 서비스를 받다.
岩	いわ	**바위** この山は岩が多い。 이 산은 바위가 많다.
印象	いんしょう	**인상** いい印象を与える。 좋은 인상을 주다.
うがい		**입가심, 입안을 헹굼** うがいをする。 입안을 헹구다.
受取人	うけとりにん	**수취인** 受取人の名前を書く。 수취인의 이름을 쓰다.
うさぎ		**토끼** うさぎを育てる。 토끼를 기르다.
牛	うし	**소** 牛が草を食べる。 소가 풀을 먹다.
右折	うせつ	**우회전** 交差点で右折する。 교차로에서 우회전하다.
うそつき		**거짓말쟁이** うそつきは嫌いた。 거짓말쟁이는 싫다.
内側	うちがわ	**안쪽** 歩道の内側を歩く。 보도 안쪽으로 걷다.
腕	うで	**팔** 腕を組む。 팔짱을 끼다.

馬	うま	**말** 馬(うま)に乗(の)る。 말을 타다.
生まれ	うまれ	**탄생, 출생, 태생** 東京(とうきょう)生(う)まれだが、大阪(おおさか)で育(そだ)った。 도쿄 태생이지만 오사카에서 자랐다.
梅	うめ	**매화** 梅(うめ)の花(はな)が咲(さ)く。 매화꽃이 피다.
裏	うら	**뒤쪽, 반대쪽** 家(いえ)の裏(うら)に大(おお)きな木(き)がある。 집 뒤쪽에 큰 나무가 있다.
売り上げ	うりあげ	**매상, 매출** 売(う)り上(あ)げが伸(の)びる。 매상이 늘다.
売り切れ	うりきれ	**매진** 人気商品(にんきしょうひん)が売(う)り切(き)れになる。 인기 상품이 매진되다.
うわさ		**소문** うわさを聞(き)く。 소문을 듣다.
運河	うんが	**운하** 船(ふね)が運河(うんが)を通(とお)る。 배가 운하를 지나다.
運休	うんきゅう	**운휴, 운전이나 운항을 중지함** 台風(たいふう)で電車(でんしゃ)が運休(うんきゅう)する。 태풍으로 전철이 운휴되다.
運賃	うんちん	**운임** 運賃(うんちん)を支払(しはら)う。 운임을 지불하다.
運転席	うんてんせき	**운전석** 運転席(うんてんせき)に座(すわ)る。 운전석에 앉다.
運転免許	うんてんめんきょ	**운전면허** 運転免許(うんてんめんきょ)を取(と)る。 운전면허를 따다.
永遠	えいえん	**영원** 永遠(えいえん)の愛(あい)を約束(やくそく)する。 영원한 사랑을 약속하다.

影響	えいきょう	**영향** 大きな影響を与える。 커다란 영향을 끼치다.
営業	えいぎょう	**영업** 営業を始める。 영업을 시작하다.
英国 ⊜イギリス	えいこく	**영국** 英国に留学する。 영국에 유학하다.
英文	えいぶん	**영문** 英文を翻訳する。 영문을 번역하다.
栄養	えいよう	**영양** 栄養をとる。 영양을 섭취하다.
笑顔	えがお	**웃는 얼굴** 笑顔であいさつする。 웃는 얼굴로 인사하다.
宴会	えんかい	**연회** 盛大な宴会を開く。 성대한 연회를 열다.
延期	えんき	**연기, 뒤로 미룸** 会議が延期になる。 회의가 연기되다.
演劇	えんげき	**연극** 演劇を見に行く。 연극을 보러 가다.
演奏	えんそう	**연주** ピアノを演奏する。 피아노를 연주하다.
遠足	えんそく	**소풍** 遠足に行く。 소풍을 가다.
遠慮	えんりょ	**사양, 삼감** たばこは遠慮してください。 담배는 삼가 주세요.
おい		**남자 조카** おいの誕生日を祝う。 조카의 생일을 축하하다.

お祝い	おいわい	**축하, 축하 선물** 入学のお祝いにプレゼントをあげる。 입학 축하로 선물을 주다.
応援	おうえん	**응원** 野球チームを応援する。 야구팀을 응원하다.
王様	おうさま	**임금님, 왕** ライオンは動物の王様と言う。 사자는 동물의 왕이라고 한다.
王子	おうじ	**왕자** 王子が生まれる。 왕자가 태어나다.
横断	おうだん	**횡단** 道路を横断する。 도로를 횡단하다.
往復	おうふく	**왕복** 往復の切符を買う。 왕복 표를 사다.
応募	おうぼ	**응모** コンテストに応募する。 콘테스트에 응모하다.
応用	おうよう	**응용** 理論を応用する。 이론을 응용하다.
大型	おおがた	**대형** 大型トラックが通る。 대형 트럭이 지나가다.
大通り	おおどおり	**큰길, 대로** 大通りを歩く。 큰길을 걷다.
大家 ⊖家主(やぬし)	おおや	**집주인** 大家さんにあいさつする。 집주인에게 인사하다.
奥	おく	**안쪽, 속** 奥の部屋に入る。 안쪽 방으로 들어가다.

屋外	おくがい	**옥외, 야외** 屋外(おくがい)で食事(しょくじ)をする。 야외에서 식사를 하다.
屋内	おくない	**옥내, 실내** 屋内(おくない)プールで泳(およ)ぐ。 실내 수영장에서 수영하다.
お小遣い	おこづかい	**용돈** お小遣(こづか)いを貯(た)める。 용돈을 모으다.
押入れ	おしいれ	**벽장** 押入(おしい)れを片付(かたづ)ける。 벽장을 정리하다.
おしまい		**끝** これで今日(きょう)の仕事(しごと)はおしまいだ。 이것으로 오늘 일은 끝이다.
おしゃれ		**멋을 부림, 멋쟁이** おしゃれをして出(で)かける。 멋을 부리고 나가다.
お嬢さん	おじょうさん	**아가씨, 따님** お嬢(じょう)さんはお元気(げんき)ですか。 따님은 잘 지내십니까?
お尻	おしり	**엉덩이** お尻(しり)が痛(いた)い。 엉덩이가 아프다.
お勧め	おすすめ	**추천** 医者(いしゃ)のお勧(すす)めでダイエットをする。 의사의 권유로 다이어트를 하다.
お疲れ様	おつかれさま	**수고했어, 수고하셨어요** お疲(つか)れ様(さま)でした。 수고하셨습니다.
お手伝いさん	おてつだいさん	**가사 도우미** お手伝(てつだ)いさんを紹介(しょうかい)してもらう。 가사 도우미를 소개받다.
お見合い	おみあい	**맞선** お見合(みあ)いをする。 맞선을 보다.

思い出	おもいで	**추억** 思い出を話す。 추억을 이야기하다.
親指	おやゆび	**엄지손가락** 親指を立てる。 엄지손가락을 치켜세우다.
お礼	おれい	**사례, 감사의 말** お礼を言う。 감사의 말을 하다.
音楽家	おんがくか	**음악가** 彼は有名な音楽家だ。 그는 유명한 음악가이다.
温室	おんしつ	**온실** 温室で花を育てる。 온실에서 꽃을 기르다.
温泉	おんせん	**온천** 温泉に入る。 온천에 들어가다.
温度	おんど	**온도** 温度を測る。 온도를 재다.
おんぶ		**등에 업음, 어부바** 子供をおんぶする。 아이를 업다.
会員	かいいん	**회원** 会員になる。 회원이 되다.
絵画	かいが	**회화, 그림** 絵画を見る。 그림을 보다.
海外	かいがい	**해외** 海外旅行に行く。 해외 여행을 가다.
会館	かいかん	**회관** 市民会館でコンサートを開く。 시민회관에서 콘서트를 열다.
解決	かいけつ	**해결** 問題を解決する。 문제를 해결하다.

会合	かいごう	**회합** 会合(かいごう)に出席(しゅっせき)する。 회합에 참석하다.
改札 ➕ 改札機(かいさつき) 개찰기	かいさつ	**개찰, 개찰구** 駅(えき)の改札(かいさつ)を通(とお)る。 역 개찰구를 통과하다.
改札口	かいさつぐち	**개찰구** 改札口(かいさつぐち)で待(ま)ち合(あ)わせをする。 개찰구에서 만나기로 하다.
回収	かいしゅう	**회수** ゴミを回収(かいしゅう)する。 쓰레기를 회수하다.
外出	がいしゅつ	**외출** 母(はは)が外出(がいしゅつ)から戻(もど)る。 어머니가 외출에서 돌아오다.
外食	がいしょく	**외식** 家族(かぞく)で外食(がいしょく)をする。 가족끼리 외식을 하다.
海水浴	かいすいよく	**해수욕** 海水浴(かいすいよく)を楽(たの)しむ。 해수욕을 즐기다.
回数	かいすう	**횟수** 回数(かいすう)を数(かぞ)える。 횟수를 세다.
回数券	かいすうけん	**회수권** 回数券(かいすうけん)を買(か)う。 회수권을 사다.
快晴	かいせい	**쾌청** 今日(きょう)は快晴(かいせい)だ。 오늘은 쾌청하다.
解説	かいせつ	**해설** 解説(かいせつ)を読(よ)む。 해설을 읽다.
会費	かいひ	**회비** 会費(かいひ)を払(はら)う。 회비를 내다.
香り	かおり	**향기** 花(はな)の香(かお)りがする。 꽃향기가 난다.

画家	がか	**화가** 画家になりたい。 화가가 되고 싶다.
価格	かかく	**가격** 価格を比べる。 가격을 비교하다.
化学	かがく	**화학** 化学の実験をする。 화학 실험을 하다.
係り	かかり	**담당, 담당자** 係りの人に聞く。 담당자에게 묻다.
書留	かきとめ	**등기 우편** 書留で手紙を送る。 등기 우편으로 편지를 보내다.
書き取り	かきとり	**받아쓰기** 漢字の書き取りのテストをする。 한자 받아쓰기 테스트를 하다.
家具	かぐ	**가구** 家具を買う。 가구를 사다.
各駅停車	かくえきていしゃ	**각역 정차, 완행열차, 일반 열차** 各駅停車に乗る。 완행열차를 타다.
覚悟	かくご	**각오** 覚悟を決める。 각오를 정하다.
各自	かくじ	**각자** 費用は各自で負担する。 비용은 각자 부담하다.
学者	がくしゃ	**학자** 学者の講演を聞く。 학자의 강연을 듣다.
学習	がくしゅう	**학습** 学習計画を立てる。 학습 계획을 세우다.
拡大	かくだい	**확대** 写真を拡大する。 사진을 확대하다.

各地	かくち	**각지** 各地(かくち)を旅行(りょこう)する。 각지를 여행하다.
確認	かくにん	**확인** 内容(ないよう)を確認(かくにん)する。 내용을 확인하다.
学費	がくひ	**학비** 学費(がくひ)を払(はら)う。 학비를 내다.
学部	がくぶ	**학부** 学部(がくぶ)を卒業(そつぎょう)する。 학부를 졸업하다.
学問	がくもん	**학문** 大学(だいがく)で学(まな)びたい学問(がくもん)は何(なん)ですか。 대학에서 배우고 싶은 학문은 무엇입니까?
格安	かくやす	**값이 쌈, 보통보다 특별히 저렴함** 格安(かくやす)のチケットを買(か)う。 특별히 저렴한 티켓을 사다.
学力	がくりょく	**학력** 学力(がくりょく)テストを受(う)ける。 학력 테스트를 받다.
かけ算	かけざん	**곱셈** かけ算(ざん)を解(と)く。 곱셈을 풀다.
過去	かこ	**과거** 過去(かこ)のことは忘(わす)れよう。 과거의 일은 잊자.
火災 = 火事(かじ)	かさい	**화재** 火災(かさい)が発生(はっせい)する。 화재가 발생하다.
貸し出し	かしだし	**대출** 本(ほん)を貸(か)し出(だ)しする。 책을 대출하다.
下線	かせん	**밑줄** 下線(かせん)を引(ひ)く。 밑줄을 긋다.
河川	かせん	**하천** 河川(かせん)が流(なが)れる。 하천이 흐르다.

肩	かた	**어깨** 肩を組む。 어깨동무를 하다.
課題	かだい	**과제** 夏休みの課題を終わらせる。 여름 방학 과제를 끝내다.
方々	かたがた	**여러분, 분들(존경의 복수형)** 多くの方々が協力してくれる。 많은 분들이 협조해 주시다.
片方	かたほう	**다른 한쪽** 片方の靴を探す。 신발 한쪽을 찾다.
片道	かたみち	**편도** 片道の切符を買う。 편도 표를 사다.
価値	かち	**가치** この本は読む価値がある。 이 책은 읽을 가치가 있다.
勝ち	かち	**승리** 勝ちを得る。 승리를 얻다.
活気	かっき	**활기** この商店街は活気がある。 이 상점가는 활기가 있다.
楽器	がっき	**악기** 楽器を習う。 악기를 배우다.
格好	かっこう	**모양, 겉모습** 格好を気にする。 겉모습에 신경을 쓰다.
活動	かつどう	**활동** 社会活動をする。 사회 활동을 하다.
仮定	かてい	**가정, 전제, 가설** できると仮定する。 할 수 있다고 가정하다.
家電製品	かでんせいひん	**가전제품** 家電製品を使う。 가전제품을 사용하다.

角	かど	**모퉁이, 모서리** 角(かど)を曲(ま)がる。 모퉁이를 돌다.
悲しみ	かなしみ	**슬픔** 悲(かな)しみを感(かん)じる。 슬픔을 느끼다.
加熱	かねつ	**가열** 食材(しょくざい)を加熱(かねつ)する。 식재료를 가열하다.
我慢	がまん	**인내, 참음** 痛(いた)みを我慢(がまん)する。 아픔을 참다.
神	かみ	**신** 神(かみ)に祈(いの)る。 신에게 빌다.
画面	がめん	**화면** 画面(がめん)を見(み)る。 화면을 보다.
科目	かもく	**과목** 試験(しけん)科目(かもく)を選(えら)ぶ。 시험 과목을 선택하다.
空	から	**속이 빈 상태** 皿(さら)を空(から)にする。 접시를 다 비우다.
空っぽ	からっぽ	**속이 텅 빈 상태** 財布(さいふ)が空(から)っぽだ。 지갑이 텅 비어 있다.
缶	かん	**깡통, 캔** 缶(かん)を開(あ)ける。 캔을 따다.
考え	かんがえ	**생각** 考(かんが)えが変(か)わる。 생각이 바뀌다.
間隔	かんかく	**간격** 少(すこ)し間隔(かんかく)を置(お)く。 조금 간격을 두다.
感覚	かんかく	**감각** 寒(さむ)さで感覚(かんかく)を失(うしな)う。 추위로 감각을 잃다.

環境	かんきょう	**환경** 環境(かんきょう)を守(まも)る。 환경을 지키다.
関係	かんけい	**관계** 人間関係(にんげんかんけい)を大切(たいせつ)にする。 인간관계를 소중히 하다.
歓迎会	かんげいかい	**환영회** 歓迎会(かんげいかい)を開(ひら)く。 환영회를 열다.
観光 ➕ 観光地(かんこうち) 관광지	かんこう	**관광** 全国(ぜんこく)を観光(かんこう)して回(まわ)る。 전국을 관광하며 돌아다니다.
看護師	かんごし	**간호사** 看護師(かんごし)として働(はたら)く。 간호사로 일하다.
観察	かんさつ	**관찰** 動物(どうぶつ)の行動(こうどう)を観察(かんさつ)する。 동물의 행동을 관찰하다.
感じ	かんじ	**느낌** 夢(ゆめ)を見(み)ているような感(かん)じがする。 꿈을 꾸는 것 같은 느낌이 든다.
感謝	かんしゃ	**감사** 両親(りょうしん)に感謝(かんしゃ)する。 부모님께 감사하다.
患者	かんじゃ	**환자** 患者(かんじゃ)を診察(しんさつ)する。 환자를 진찰하다.
感情	かんじょう	**감정** 感情(かんじょう)を表(おもて)に出(だ)さない。 감정을 겉으로 드러내지 않는다.
感心	かんしん	**감탄** 彼(かれ)の態度(たいど)に感心(かんしん)する。 그의 태도에 감탄하다.
関心	かんしん	**관심** ニュースに関心(かんしん)がある。 뉴스에 관심이 있다.
完成	かんせい	**완성** 作品(さくひん)が完成(かんせい)する。 작품이 완성되다.

間接	かんせつ	**간접** 間接の経験も大事だ。 간접 경험도 중요하다.
感想	かんそう	**감상** 自分の感想を話す。 자신의 감상을 말하다.
乾燥	かんそう	**건조** 洗濯物を乾燥させる。 빨래를 건조시키다.
感動	かんどう	**감동** 感動して涙を流す。 감동하여 눈물을 흘리다.
乾杯	かんぱい	**건배** お祝いの乾杯をする。 축하 건배를 하다.
完了	かんりょう	**완료** 作業が完了する。 작업이 완료되다.
気温	きおん	**기온** 気温が下がる。 기온이 내려가다.
機械	きかい	**기계** 機械が壊れる。 기계가 고장나다.
機会	きかい	**기회** 機会を逃す。 기회를 놓치다.
企業	きぎょう	**기업** 就職したい企業を調べる。 취직하고 싶은 기업을 조사하다.
期限	きげん	**기한** 期限までに提出する。 기한까지 제출하다.
記事	きじ	**기사** 新聞記事を読む。 신문 기사를 읽다.
傷	きず	**상처, 흠집** 心に傷を負う。 마음에 상처를 입다.

規則	きそく	규칙	規則(きそく)を守(まも)る。 규칙을 지키다.
期待	きたい	기대	活躍(かつやく)を期待(きたい)する。 활약을 기대하다.
気体	きたい	기체	空気(くうき)は気体(きたい)である。 공기는 기체이다.
帰宅	きたく	귀가	仕事(しごと)を終(お)えて帰宅(きたく)する。 일을 마치고 귀가하다.
喫煙席 ↔ 禁煙席(きんえんせき) 금연석	きつえんせき	흡연석	喫煙席(きつえんせき)に座(すわ)る。 흡연석에 앉다.
喫茶店	きっさてん	찻집	喫茶店(きっさてん)でお茶(ちゃ)を飲(の)む。 찻집에서 차를 마시다.
記入	きにゅう	기입	申込書(もうしこみしょ)に記入(きにゅう)する。 신청서에 기입하다.
記念	きねん	기념	記念写真(きねんしゃしん)を撮(と)る。 기념사진을 찍다.
希望	きぼう	희망	進学(しんがく)を希望(きぼう)する。 진학을 희망하다.
基本	きほん	기본	基本(きほん)から習(なら)う。 기본부터 배우다.
決まり	きまり	결정, 규칙	決(き)まりを守(まも)る。 규칙을 지키다.
疑問	ぎもん	의문	成功(せいこう)するかどうか疑問(ぎもん)だ。 성공할지 어떨지 의문이다.
逆	ぎゃく	반대, 역, 거꾸로임	逆(ぎゃく)の方向(ほうこう)に進(すす)む。 반대 방향으로 나아가다.

休暇	きゅうか	**휴가** 一週間の休暇を取る。 일주일간의 휴가를 얻다.
休業	きゅうぎょう	**휴업** 本日は休業します。 오늘은 휴업합니다.
休憩	きゅうけい	**휴게, 휴식** 休憩をとる。 휴식을 취하다.
休日	きゅうじつ	**휴일** 休日は家でゆっくりする。 휴일은 집에서 푹 쉰다.
給食	きゅうしょく	**급식** 学校で給食を食べる。 학교에서 급식을 먹다.
急ブレーキ	きゅうブレーキ	**급브레이크, 급제동** 急ブレーキをかける。 급브레이크를 걸다.
給与	きゅうよ	**급여** うちの会社は給与が低い。 우리 회사는 급여가 낮다.
休養	きゅうよう	**휴양** 田舎で休養する。 시골에서 휴양하다.
給料	きゅうりょう	**급료** 給料をもらう。 급료를 받다.
強化	きょうか	**강화** 体力を強化する。 체력을 강화하다.
教科書	きょうかしょ	**교과서** 教科書を開く。 교과서를 펴다.
教師	きょうし	**교사** 教師として働く。 교사로 일하다.
行事	ぎょうじ	**행사** 行事の準備を進める。 행사 준비를 진행하다.

教授	きょうじゅ	**교수** 教授の研究室を訪ねる。 교수님의 연구실을 방문하다.
競争	きょうそう	**경쟁** 競争に勝つ。 경쟁에 이기다.
強調	きょうちょう	**강조** ポイントを強調する。 포인트를 강조하다.
共通	きょうつう	**공통** 共通の価値観を持つ。 공통의 가치관을 가지다.
共通点	きょうつうてん	**공통점** 二人に共通点がある。 두 사람에게 공통점이 있다.
興味	きょうみ	**흥미** 興味を持つ。 흥미를 가지다.
協力	きょうりょく	**협력** みんなで協力する。 모두가 협력하다.
許可	きょか	**허가** 許可を得る。 허가를 얻다.
距離	きょり	**거리** 距離を測る。 거리를 재다.
記録	きろく	**기록** 会議の内容を記録する。 회의 내용을 기록하다.
禁煙	きんえん	**금연** 禁煙を心がける。 금연을 명심하다.
禁煙席 ↔ 喫煙席 흡연석	きんえんせき	**금연석** 禁煙席に案内する。 금연석으로 안내하다.
近視	きんし	**근시** 近視の眼鏡をかける。 근시용 안경을 쓰다.

禁止	きんし	**금지** 駐車(ちゅうしゃ)を禁止(きんし)する。 주차를 금지하다.
緊張	きんちょう	**긴장** 緊張(きんちょう)が高(たか)まる。 긴장이 고조되다.
勤務	きんむ	**근무** 午後(ごご)6時(ろくじ)まで勤務(きんむ)する。 오후 6시까지 근무하다.
区域	くいき	**구역** ここは駐車禁止区域(ちゅうしゃきんしくいき)である。 여기는 주차 금지 구역이다.
空席	くうせき	**공석, 빈자리** 空席(くうせき)を見(み)つける。 빈자리를 발견하다.
偶然	ぐうぜん	**우연** 彼(かれ)に会(あ)ったのは偶然(ぐうぜん)だった。 그를 만난 것은 우연이었다.
区間	くかん	**구간** この区間(くかん)は工事中(こうじちゅう)だ。 이 구간은 공사 중이다.
くしゃみ		**재채기** くしゃみが出(で)る。 재채기가 나오다.
薬指	くすりゆび	**약지, 약손가락** 薬指(くすりゆび)に指輪(ゆびわ)をはめる。 약지에 반지를 끼다.
癖	くせ	**버릇** 爪(つめ)を噛(か)む癖(くせ)がある。 손톱을 깨무는 버릇이 있다.
下り ↔ 上(のぼ)り 상행	くだり	**하행, 내리막** 下(くだ)りの列車(れっしゃ)に乗(の)る。 하행 열차를 타다.
口紅	くちべに	**립스틱, 루주** 口紅(くちべに)を塗(ぬ)る。 립스틱을 바르다.

首	くび	**목** キリンは首(くび)が長(なが)い。 기린은 목이 길다.
区別	くべつ	**구별** 善(ぜん)と悪(あく)を区別(くべつ)する。 선과 악을 구별하다.
暮らし	くらし	**생활** 田舎(いなか)での暮(く)らしに慣(な)れる。 시골 생활에 익숙해지다.
繰り返し	くりかえし	**반복** 毎日(まいにち)同(おな)じ生活(せいかつ)の繰(く)り返(かえ)しだ。 매일 같은 생활의 반복이다.
苦労	くろう	**고생** 苦労(くろう)して成功(せいこう)する。 고생하여 성공하다.
訓練	くんれん	**훈련** 訓練(くんれん)を積(つ)む。 훈련을 쌓다.
経営	けいえい	**경영** 会社(かいしゃ)の経営(けいえい)が厳(きび)しい。 회사의 경영이 어렵다.
計画	けいかく	**계획** 計画(けいかく)を立(た)てる。 계획을 세우다.
経験	けいけん	**경험** 新(あたら)しい経験(けいけん)をする。 새로운 경험을 하다
警察官	けいさつかん	**경찰관** 警察官(けいさつかん)になるための勉強(べんきょう)をする。 경찰관이 되기 위한 공부를 하다.
警察署	けいさつしょ	**경찰서** 最寄(もよ)りの警察署(けいさつしょ)に行(い)く。 가장 가까운 경찰서로 가다.
計算	けいさん	**계산** 計算(けいさん)が合(あ)わない。 계산이 맞지 않다.
芸術	げいじゅつ	**예술** 芸術作品(げいじゅつさくひん)を公開(こうかい)する。 예술 작품을 공개하다.

携帯	けいたい	**휴대** 携帯電話を使う。 휴대 전화를 사용하다.
毛糸	けいと	**털실** 毛糸で編み物をする。 털실로 뜨개질을 하다.
系統	けいとう	**계통** 事務系統の仕事をする。 사무 계통의 일을 하다.
経由	けいゆ	**경유** 友人を経由して連絡する。 친구를 경유하여 연락하다.
怪我	けが	**상처, 부상** 事故で怪我をする。 사고로 부상을 입다.
景色	けしき	**경치** 景色が美しい。 경치가 아름답다.
下宿	げしゅく	**하숙** 大学の近くに下宿する。 대학 근처에 하숙하다.
化粧	けしょう	**화장** 化粧をする。 화장을 하다.
桁	けた	**자릿수, 자리** 二桁の成長を見せる。 두 자릿수의 성장을 보여주다.
下駄	げた	**게다, 왜나막신** 下駄を履く。 게다를 신다.
血圧	けつあつ	**혈압** 血圧を測る。 혈압을 재다.
決意	けつい	**결의, 결심** 固く決意する。 굳게 결의하다.
血液	けつえき	**혈액** 血液検査を受ける。 혈액 검사를 받다.

血液型	けつえきがた	**혈액형**	血液型を調べる。 혈액형을 조사하다.
結婚式	けっこんしき	**결혼식**	結婚式をあげる。 결혼식을 올리다.
決勝	けっしょう	**결승**	決勝に進む。 결승에 오르다.
決心	けっしん	**결심**	進学を決心する。 진학을 결심하다.
決定	けってい	**결정**	研究のテーマを決定する。 연구의 주제를 결정하다.
欠点	けってん	**결점, 단점**	欠点を直す。 결점을 고치다.
結論	けつろん	**결론**	結論を出す。 결론을 내다.
煙	けむり	**연기**	たばこの煙は体に悪い。 담배 연기는 몸에 해롭다.
件	けん	**건**	会議の件で連絡する。 회의 건으로 연락하다.
券	けん	**권, 표, 티켓**	入り口で券を渡す。 입구에서 표를 건네다.
原因	げんいん	**원인**	事故の原因を調べる。 사고의 원인을 조사하다.
限界	げんかい	**한계**	限界に達する。 한계에 이르다.
研究室	けんきゅうしつ	**연구실**	研究室で実験する。 연구실에서 실험하다.

現金 げんきん

현금

げんきん　しはら
現金で支払う。 현금으로 지불하다.

言語 げんご

언어

がいこく　げんご　まな
外国の言語を学ぶ。 외국의 언어를 배우다.

健康 けんこう

건강

けんこうしんだん　う
健康診断を受ける。 건강 검진을 받다.

検査 けんさ

검사

けんさけっか　ま
検査結果を待つ。 검사 결과를 기다리다.

現在 げんざい

현재

げんざい　じょうきょう　せつめい
現在の状況を説明する。 현재의 상황을 설명하다.

現実 げんじつ

현실

げんじつ　う　い
現実を受け入れる。 현실을 받아들이다.

減少 げんしょう

감소

こうつうじこ　げんしょう
交通事故が減少する。 교통사고가 감소하다.

建設 けんせつ

건설

けんせつ
ビルを建設する。 빌딩을 건설하다.

現代 げんだい

현대

げんだいしゃかい　もんだい　かんが
現代社会の問題を考える。 현대 사회의 문제를 생각하다.

建築 けんちく

건축

じゅうたく　けんちく
住宅を建築する。 주택을 건축하다.

限度 げんど

한도

げんど　こ
限度を超える。 한도를 넘어서다.

検討 けんとう

검토

けんとう　かさ
検討を重ねる。 검토를 거듭하다.

原料 げんりょう

원료

えんりょう　ゆにゅう
原料を輸入する。 원료를 수입하다.

恋	こい	**사랑, 연애** 恋(こい)に落(お)ちる。 사랑에 빠지다.
恋人	こいびと	**연인** 恋人(こいびと)ができる。 연인이 생기다.
幸運	こううん	**행운** 幸運(こううん)を祈(いの)る。 행운을 빌다.
効果	こうか	**효과** 薬(くすり)の効果(こうか)が現(あらわ)れる。 약의 효과가 나타나다.
工学	こうがく	**공학** 大学(だいがく)で工学(こうがく)を専攻(せんこう)する。 대학에서 공학을 전공하다.
合格	ごうかく	**합격** 試験(しけん)に合格(ごうかく)する。 시험에 합격하다.
交換	こうかん	**교환** 商品(しょうひん)を交換(こうかん)する。 상품을 교환하다.
講義	こうぎ	**강의** 講義(こうぎ)を聴(き)く。 강의를 듣다.
高級	こうきゅう	**고급** 高級車(こうきゅうしゃ)を買(か)う。 고급차를 사다.
公共料金	こうきょうりょうきん	**공공요금** 公共料金(こうきょうりょうきん)を払(はら)う。 공공요금을 지불하다.
合計	ごうけい	**합계** 合計金額(ごうけいきんがく)を計算(けいさん)する。 합계 금액을 계산하다.
孝行	こうこう	**효행, 효도** 親(おや)に孝行(こうこう)する。 부모에게 효도하다.
広告	こうこく	**광고** 広告(こうこく)を出(だ)す。 광고를 내다.

交際	こうさい	**교제** 交際を始める。 교제를 시작하다.
高速道路	こうそくどうろ	**고속 도로** 高速道路を走る。 고속 도로를 달리다.
交通事故	こうつうじこ	**교통사고** 交通事故を起こす。 교통사고를 일으키다.
交通費	こうつうひ	**교통비** 交通費は会社から出る。 교통비는 회사에서 나온다.
校庭	こうてい	**교정, 학교 마당** 校庭に集まる。 교정에 모이다.
行動	こうどう	**행동** 自分で考えて行動する。 스스로 생각하고 행동하다.
合同	ごうどう	**합동** 合同して作業を行う。 합동하여 작업을 하다.
後輩	こうはい	**후배** 後輩の面倒を見る。 후배를 돌봐주다.
後半	こうはん	**후반** 試合の後半に逆転する。 시합 후반에 역전하다.
幸福	こうふく	**행복** 家族の幸福を願う。 가족의 행복을 바라다.
紅葉 ㊁ もみじ	こうよう	**단풍** 山の紅葉が美しい。 산의 단풍이 아름답다.
公立	こうりつ	**공립** 公立学校に通う。 공립 학교에 다니다.
交流	こうりゅう	**교류** 文化交流を行う。 문화 교류를 하다.

合流	ごうりゅう	**합류** 二(ふた)つの川(かわ)が合流(ごうりゅう)する。 두 강이 합류하다.
効力	こうりょく	**효력** 契約(けいやく)の効力(こうりょく)が生(しょう)じる。 계약의 효력이 생기다.
高齢者	こうれいしゃ	**고령자** 高齢者(こうれいしゃ)の人口(じんこう)が増(ふ)える。 고령자 인구가 늘다.
誤解	ごかい	**오해** 誤解(ごかい)を招(まね)く。 오해를 불러일으키다.
語学	ごがく	**어학** 語学(ごがく)に弱(よわ)い。 어학에 약하다.
小型	こがた	**소형** 小型(こがた)カメラで写真(しゃしん)を撮(と)る。 소형 카메라로 사진을 찍다.
呼吸	こきゅう	**호흡** きれいな空気(くうき)を呼吸(こきゅう)する。 깨끗한 공기를 호흡하다.
故郷 ㊐ ふるさと, 郷里(きょうり)	こきょう	**고향** 故郷(こきょう)へ帰(かえ)る。 고향으로 돌아가다.
国語	こくご	**국어** 国語辞典(こくごじてん)を引(ひ)く。 국어사전을 찾다.
黒板	こくばん	**칠판** 黒板(こくばん)に字(じ)を書(か)く。 칠판에 글씨를 쓰다.
小声	こごえ	**작은 목소리** 小声(こごえ)で話(はな)す。 작은 목소리로 말하다.
腰	こし	**허리** 腰(こし)が痛(いた)い。 허리가 아프다.
個人	こじん	**개인** 個人(こじん)の情報(じょうほう)を守(まも)る。 개인 정보를 지키다.

子育て ⊜ 育児(いくじ)	こそだて	육아	子育て(こそだ)は大変(たいへん)だ。 육아는 힘이 든다.
国会	こっかい	국회	国会(こっかい)議事堂(ぎじどう)を見学(けんがく)する。 국회 의사당을 견학하다.
小包	こづつみ	소포	小包(こづつみ)が届(とど)く。 소포가 도착하다.
この間 ⊜ 先日(せんじつ)	このあいだ	요전, 얼마 전, 지난번	この間(あいだ)、友人(ゆうじん)に会(あ)った。 얼마 전에 친구를 만났다.
このごろ		요즈음, 최근, 요새	このごろ忙(いそが)しい。 요즘 바쁘다.
好み	このみ	기호, 취향	好(この)みが似(に)ている。 취향이 비슷하다.
小指	こゆび	새끼손가락	小指(こゆび)を立(た)てる。 새끼손가락을 세우다.
今後	こんご	향후, 앞으로	今後(こんご)の予定(よてい)を立(た)てる。 향후의 예정을 세우다.
混雑	こんざつ	혼잡	電車(でんしゃ)が混雑(こんざつ)する。 전철이 혼잡하다.
混乱	こんらん	혼란	混乱(こんらん)が生(しょう)じる。 혼란이 생기다.
差	さ	차, 차이	意見(いけん)に差(さ)がある。 의견에 차이가 있다.
最高	さいこう	최고	最高(さいこう)の作品(さくひん)を作(つく)りたい。 최고의 작품을 만들고 싶다.
祭日	さいじつ	국경일, 경축일	今日(きょう)は祭日(さいじつ)だ。 오늘은 경축일이다.

最初	さいしょ	**최초, 처음**	最初は緊張した。 처음에는 긴장했다.
最新	さいしん	**최신**	最新のニュースを見る。 최신 뉴스를 보다.
再生	さいせい	**재생**	音楽を再生する。 음악을 재생하다.
最低	さいてい	**최저**	昨日より最低気温が低い。 어제보다 최저 기온이 낮다.
採点	さいてん	**채점**	テストを採点する。 테스트를 채점하다.
才能	さいのう	**재능**	音楽の才能がある。 음악에 재능이 있다.
再利用	さいりよう	**재이용**	紙を再利用する。 종이를 재이용하다.
材料	ざいりょう	**재료**	必要な材料をそろえる。 필요한 재료를 갖추다.
坂道	さかみち	**비탈길, 언덕길**	急な坂道を登る。 가파른 비탈길을 오르다.
一昨々日	さきおととい	**그끄저께, 3일 전**	一昨々日から雨が降り続く。 그끄저께부터 비가 계속 내린다.
先々	さきざき	**장래, 먼 미래**	先々の計画を立てる。 장래의 계획을 세우다.
作業	さぎょう	**작업**	作業を始める。 작업을 시작하다.
作者	さくしゃ	**작자, 지은이**	作者の考えを理解する。 작자의 생각을 이해하다.

昨年	さくねん	**작년** 昨年(さくねん)、結婚(けっこん)した。 작년에 결혼했다.
昨夜	さくや	**어젯밤, 간밤** 昨夜(さくや)は眠(ねむ)れなかった。 어젯밤은 잠을 못 잤다.
差出人	さしだしにん	**발신인** 封筒(ふうとう)に差出人(さしだしにん)を書(か)く。 봉투에 발신인을 쓰다.
座席	ざせき	**좌석** 座席(ざせき)に座(すわ)る。 좌석에 앉다.
左折	させつ	**좌회전** 交差点(こうさてん)で左折(させつ)する。 교차로에서 좌회전하다.
作家	さっか	**작가** 彼(かれ)は最高(さいこう)の作家(さっか)だ。 그는 최고의 작가이다.
作曲	さっきょく	**작곡** 歌(うた)を作曲(さっきょく)する。 노래를 작곡하다.
雑誌	ざっし	**잡지** 雑誌(ざっし)を読(よ)む。 잡지를 읽다.
殺人	さつじん	**살인** 殺人事件(さつじんじけん)が起(お)きる。 살인 사건이 일어나다.
左右	さゆう	**좌우** 左右(さゆう)を見回(みまわ)す。 좌우를 둘러보다.
猿	さる	**원숭이** 猿(さる)が木(き)に登(のぼ)る。 원숭이가 나무에 오르다.
騒ぎ	さわぎ	**소란, 소동** 騒(さわ)ぎが起(お)きる。 소동이 일어나다.
参加	さんか	**참가** イベントに参加(さんか)する。 이벤트에 참가하다.

産業	さんぎょう	**산업** 産業(さんぎょう)が発展(はってん)する。 산업이 발전하다.
残業	ざんぎょう	**잔업** 残業(ざんぎょう)が続(つづ)く。 잔업이 계속되다.
賛成	さんせい	**찬성** 意見(いけん)に賛成(さんせい)する。 의견에 찬성하다.
詩	し	**시** 詩(し)を作(つく)る。 시를 짓다.
寺院	じいん	**사원** 寺院(じいん)を参拝(さんぱい)する。 사원을 참배하다.
塩	しお	**소금** 料理(りょうり)に塩(しお)を加(くわ)える。 요리에 소금을 넣다.
司会	しかい	**사회(자), 진행(자)** 会議(かいぎ)を司会(しかい)する。 회의를 진행하다.
次回	じかい	**다음번, 다음 회** 次回(じかい)の会議(かいぎ)は金曜日(きんようび)です。 다음 회의는 금요일입니다.
時間割	じかんわり	**시간표** 時間割(じかんわり)を確認(かくにん)する。 시간표를 확인하다.
四季	しき	**사계, 사계절** 四季(しき)の変化(へんか)を楽(たの)しむ。 사계절의 변화를 즐기다.
支給	しきゅう	**지급** ボーナスを支給(しきゅう)する。 보너스를 지급하다.
資源	しげん	**자원** 地球(ちきゅう)の資源(しげん)は有限(ゆうげん)だ。 지구의 자원은 유한하다.
事件	じけん	**사건** 事件(じけん)が発生(はっせい)する。 사건이 발생하다.

死後	しご	**사후, 죽은 후** 死後の世界を考える。 사후 세계를 생각하다.
事後	じご	**사후, 일이 끝난 후** 事後報告をする。 사후 보고를 하다.
時刻	じこく	**시각** 時刻を合わせる。 시각을 맞추다.
時刻表	じこくひょう	**시각표, 시간표** 時刻表を確認する。 시간표를 확인하다.
指示	しじ	**지시** 部下に指示する。 부하에게 지시하다.
支社	ししゃ	**지사** 支社に転勤になる。 지사로 전근하게 되다.
自習	じしゅう	**자습** 図書館で自習する。 도서관에서 자습하다.
次女	じじょ	**차녀, 둘째 딸** 次女が生まれる。 둘째 딸이 태어나다.
事情	じじょう	**사정** 事情を説明する。 사정을 설명하다.
詩人	しじん	**시인** 彼は有名な詩人だ。 그는 유명한 시인이다.
自信	じしん	**자신, 자신감** 自信を持つ。 자신을 가지다.
自身	じしん	**자신** これは私自身の問題です。 이것은 저 자신의 문제입니다.
姿勢	しせい	**자세** 楽な姿勢で話す。 편안한 자세로 말하다.

自然	しぜん	**자연** 自然(しぜん)の美(うつく)しさに感動(かんどう)する。 자연의 아름다움에 감동하다.
事前	じぜん	**사전, 어떤 일이 발생하기 전** 事前(じぜん)に連絡(れんらく)する。 사전에 연락하다.
時速	じそく	**시속** 最大(さいだい)時速(じそく)で走(はし)る。 최대 시속으로 달리다.
下書き	したがき	**초안** 手紙(てがみ)の下書(したが)きをする。 편지의 초안을 쓰다.
失業	しつぎょう	**실업** 失業(しつぎょう)保険(ほけん)を申請(しんせい)する。 실업 보험을 신청하다.
湿気 ⊖ しっき	しっけ	**습기** 湿気(しっけ)が多(おお)い。 습기가 많다.
実現	じつげん	**실현** 夢(ゆめ)を実現(じつげん)する。 꿈을 실현하다.
実行	じっこう	**실행** 計画(けいかく)を実行(じっこう)する。 계획을 실행하다.
湿度	しつど	**습도** 湿度(しつど)が高(たか)い。 습도가 높다.
失敗	しっぱい	**실패** 失敗(しっぱい)から学(まな)ぶ。 실패로부터 배우다.
実力	じつりょく	**실력** 英語(えいご)の実力(じつりょく)が伸(の)びる。 영어 실력이 늘다.
失恋	しつれん	**실연** 失恋(しつれん)して落(お)ち込(こ)む。 실연하여 낙담하다.
指定	してい	**지정** 場所(ばしょ)を指定(してい)する。 장소를 지정하다.

指定席 していせき **지정석**
指定席(していせき)に座(すわ)る。 지정석에 앉다.
⊖ 自由席(じゆうせき) 자유석

私鉄 してつ **사철, 민간 철도**
私鉄(してつ)を利用(りよう)する。 민간 철도를 이용하다.

支店 してん **지점**
支店(してん)に転勤(てんきん)になる。 지점으로 전근하게 되다.

指導 しどう **지도**
部下(ぶか)を指導(しどう)する。 부하를 지도하다.

自動販売機 じどうはんばいき **자동판매기, 자판기**
自動販売機(じどうはんばいき)でジュースを買(か)う。
자판기에서 주스를 사다.

品 しな **물건**
いい品(しな)を安(やす)く売(う)る。 좋은 물건을 싸게 팔다.
⊜ 品物(しなもの)

次男 じなん **차남, 둘째 아들**
次男(じなん)が生(う)まれる。 둘째 아들이 태어나다.

始発駅 しはつえき **기점이 되는 역, 출발역, 시발역**
始発駅(しはつえき)から乗車(じょうしゃ)する。 출발역에서 승차하다.

死亡 しぼう **사망**
交通事故(こうつうじこ)で死亡(しぼう)する。 교통사고로 사망하다.

島 しま **섬**
島(しま)を旅行(りょこう)する。 섬을 여행하다.

自慢 じまん **자랑**
自分(じぶん)の料理(りょうり)を自慢(じまん)する。 자신의 요리를 자랑하다.

しみ **얼룩**
しみを落(お)とす。 얼룩을 지우다.

事務 じむ **사무**
事務(じむ)を行(おこな)う。 사무를 보다.

氏名	しめい	**성명, 이름**	氏名を書く。 성명을 쓰다.
締め切り	しめきり	**마감**	締め切りに間に合う。 마감에 맞추다.
地面	じめん	**지면, 땅, 땅바닥**	地面に座る。 땅바닥에 앉다.
蛇口	じゃぐち	**수도꼭지**	蛇口を開ける。 수도꼭지를 틀다.
車庫	しゃこ	**차고**	車を車庫に入れる。 차를 차고에 넣다.
社説	しゃせつ	**사설**	新聞の社説を読む。 신문 사설을 읽다.
邪魔	じゃま	**방해, 훼방**	仕事の邪魔をする。 일을 방해하다.
車輪	しゃりん	**차바퀴**	車輪が回る。 차바퀴가 돌다.
自由	じゆう	**자유**	表現の自由を守る。 표현의 자유를 지키다.
周囲	しゅうい	**주위**	公園の周囲を歩く。 공원 주위를 걷다.
週刊誌	しゅうかんし	**주간지**	週刊誌を読む。 주간지를 읽다.
住居	じゅうきょ	**주거, 거처**	住居を移す。 거처를 옮기다.
集合	しゅうごう	**집합**	運動場に集合する。 운동장에 집합하다.

단어	읽기	뜻 / 예문
重視	じゅうし	**중시** 安全(あんぜん)を重視(じゅうし)する。 안전을 중시하다.
就職	しゅうしょく	**취직** 就職活動(しゅうしょくかつどう)を始(はじ)める。 취직 활동을 시작하다.
自由席 ↔ 指定席(していせき) 지정석	じゆうせき	**자유석** 自由席(じゆうせき)に座(すわ)る。 자유석에 앉다.
渋滞	じゅうたい	**정체, 일이나 교통 흐름이 더딤** 交通(こうつう)が渋滞(じゅうたい)する。 교통이 정체되다.
集中	しゅうちゅう	**집중** 仕事(しごと)に集中(しゅうちゅう)する。 일에 집중하다.
終点	しゅうてん	**종점** 終点(しゅうてん)に着(つ)く。 종점에 도착하다.
収入	しゅうにゅう	**수입** 収入(しゅうにゅう)が増(ふ)える。 수입이 늘다.
周辺	しゅうへん	**주변** 駅周辺(えきしゅうへん)を散策(さんさく)する。 역 주변을 산책하다.
週末	しゅうまつ	**주말** 週末(しゅうまつ)は家(いえ)でゆっくりする。 주말에는 집에서 푹 쉰다.
住民	じゅうみん	**주민** 住民(じゅうみん)の意見(いけん)を聞(き)く。 주민의 의견을 듣다.
修理	しゅうり	**수리** 車(くるま)を修理(しゅうり)する。 차를 수리하다.
授業料	じゅぎょうりょう	**수업료** 授業料(じゅぎょうりょう)を支払(しはら)う。 수업료를 지불하다.
祝日	しゅくじつ	**국경일, 경축일** 今日(きょう)は祝日(しゅくじつ)だ。 오늘은 경축일이다.

縮小	しゅくしょう	**축소**	事業(じぎょう)を縮小(しゅくしょう)する。 사업을 축소하다.
宿泊	しゅくはく	**숙박**	ホテルに宿泊(しゅくはく)する。 호텔에 숙박하다.
受験	じゅけん	**수험, 입시**	大学(だいがく)受験(じゅけん)に備(そな)える。 대학 입시에 대비하다.
受講	じゅこう	**수강**	講義(こうぎ)を受講(じゅこう)する。 강의를 수강하다.
手術	しゅじゅつ	**수술**	手術(しゅじゅつ)を受(う)ける。 수술을 받다.
受信	じゅしん	**수신**	メールを受信(じゅしん)する。 메일을 수신하다.
手段	しゅだん	**수단**	一番(いちばん)いい手段(しゅだん)を選(えら)ぶ。 가장 좋은 수단을 선택하다.
主張	しゅちょう	**주장**	意見(いけん)を主張(しゅちょう)する。 의견을 주장하다.
出勤	しゅっきん	**출근**	毎朝(まいあさ)出勤(しゅっきん)する。 매일 아침 출근하다.
出血	しゅっけつ	**출혈, 피가 남**	怪我(けが)をして出血(しゅっけつ)する。 다쳐서 피가 나다.
出現	しゅつげん	**출현**	新製品(しんせいひん)が出現(しゅつげん)する。 신제품이 출현하다.
出場	しゅつじょう	**출장, 출전**	大会(たいかい)に出場(しゅつじょう)する。 대회에 출전하다.
出身	しゅっしん	**출신**	彼(かれ)は大阪(おおさか)出身(しゅっしん)だ。 그는 오사카 출신이다.

出張	しゅっちょう	출장 出張(しゅっちょう)に行(い)く。 출장을 가다.
出版	しゅっぱん	출판 本(ほん)を出版(しゅっぱん)する。 책을 출판하다.
首都	しゅと	수도 東京(とうきょう)は日本(にほん)の首都(しゅと)だ。 도쿄는 일본의 수도이다.
取得	しゅとく	취득 権利(けんり)を取得(しゅとく)する。 권리를 취득하다.
主婦	しゅふ	주부 主婦(しゅふ)の仕事(しごと)も大変(たいへん)だ。 주부의 일도 힘이 든다.
趣味	しゅみ	취미 趣味(しゅみ)を楽(たの)しむ。 취미를 즐기다.
寿命	じゅみょう	수명 平均寿命(へいきんじゅみょう)が延(の)びる。 평균 수명이 늘어나다.
種類	しゅるい	종류 桜(さくら)には様々(さまざま)な種類(しゅるい)がある。 벚꽃에는 여러 종류가 있다.
受話器	じゅわき	수화기 受話器(じゅわき)を取(と)る。 수화기를 들다.
順番	じゅんばん	차례, 순서 順番(じゅんばん)を待(ま)つ。 차례를 기다리다.
消化	しょうか	소화 食(た)べ物(もの)を消化(しょうか)する。 음식을 소화하다.
乗客	じょうきゃく	승객 乗客(じょうきゃく)が降(お)りる。 승객이 내리다.
上級	じょうきゅう	상급 上級(じょうきゅう)クラスに進級(しんきゅう)する。 상급반으로 진급하다.

商業 しょうぎょう **상업**
商業(しょうぎょう)地区(ちく)を歩(ある)く。 상업 지구를 걷다.

上下 じょうげ **상하**
上下(じょうげ)関係(かんけい)が厳(きび)しい。 상하 관계가 엄격하다.

条件 じょうけん **조건**
条件(じょうけん)をつける。 조건을 붙이다.

正午 しょうご **정오**
正午(しょうご)に昼食(ちゅうしょく)を取(と)る。 정오에 점심을 먹다.

上司 じょうし **상사**
上司(じょうし)に報告(ほうこく)する。 상사에게 보고하다.

常識 じょうしき **상식**
常識(じょうしき)がない。 상식이 없다.

乗車 じょうしゃ **승차**
バスに乗車(じょうしゃ)する。 버스에 승차하다.

乗車券 じょうしゃけん **승차권**
乗車券(じょうしゃけん)を買(か)う。 승차권을 사다.

上旬 じょうじゅん **초순, 상순**
今月(こんげつ)の上旬(じょうじゅん)に旅行(りょこう)する。 이달 초순에 여행을 떠난다.

少女 しょうじょ **소녀**
少女(しょうじょ)雑誌(ざっし)を読(よ)む。 소녀 잡지를 읽다.

上昇 じょうしょう **상승**
気温(きおん)が上昇(じょうしょう)する。 기온이 상승하다.

小数 しょうすう **소수(1보다 작은 수)**
⊕ 小数点(しょうすうてん) 소수점
分数(ぶんすう)を小数(しょうすう)に直(なお)す。 분수를 소수로 고치다.

招待 しょうたい **초대**
友達(ともだち)を招待(しょうたい)する。 친구를 초대하다.

단어	읽기	뜻 · 예문
冗談	じょうだん	농담 冗談(じょうだん)を言(い)う。 농담을 하다.
商店 ⊕ 商店街(しょうてんがい) 상점가	しょうてん	상점 町(まち)の商店(しょうてん)で買(か)い物(もの)をする。 마을 상점에서 장을 보다.
商人	しょうにん	상인 商人(しょうにん)に代金(だいきん)を支払(しはら)う。 상인에게 대금을 치르다.
少年	しょうねん	소년 少年(しょうねん)時代(じだい)を思(おも)い出(だ)す。 소년 시절을 떠올리다.
商売	しょうばい	장사 商売(しょうばい)で成功(せいこう)する。 장사로 성공하다.
消費	しょうひ	소비 電力(でんりょく)を消費(しょうひ)する。 전력을 소비하다.
商品	しょうひん	상품, 판매하는 물품 商品(しょうひん)を購入(こうにゅう)する。 상품을 구입하다.
賞品	しょうひん	상품, 부상으로 받는 물품 賞品(しょうひん)が当(あ)たる。 상품이 당첨되다.
消防	しょうぼう	소방 消防(しょうぼう)活動(かつどう)を行(おこな)う。 소방 활동을 하다.
情報	じょうほう	정보 情報(じょうほう)を収集(しゅうしゅう)する。 정보를 수집하다.
消防署	しょうぼうしょ	소방서 消防署(しょうぼうしょ)に通報(つうほう)する。 소방서에 통보하다.
証明	しょうめい	증명 本人(ほんにん)であることを証明(しょうめい)する。 본인임을 증명하다.
正面	しょうめん	정면 建物(たてもの)の正面(しょうめん)に立(た)つ。 건물 정면에 서다.

使用料	しようりょう	**사용료** 施設の使用料を払う。 시설의 사용료를 지불하다.
初級	しょきゅう	**초급** 初級クラスから学ぶ。 초급반부터 배우다.
職業	しょくぎょう	**직업** 職業を選ぶ。 직업을 선택하다.
食後	しょくご	**식후** 食後に歯を磨く。 식후에 이를 닦는다.
食事代	しょくじだい	**식사비, 밥값** 食事代を支払う。 밥값을 지불하다.
職場	しょくば	**직장** 職場で働く。 직장에서 일하다.
食費	しょくひ	**식비** 食費を節約する。 식비를 절약하다.
食品	しょくひん	**식품** 新鮮な食品を買う。 신선한 식품을 사다.
植物	しょくぶつ	**식물** 植物に水をやる。 식물에 물을 주다.
食欲	しょくよく	**식욕** 食欲がない。 식욕이 없다.
女子	じょし	**여자** 女子大学に入学する。 여자 대학에 입학하다.
初心者	しょしんしゃ	**초심자, 초보자** 初心者マークを付ける。 초보자 마크를 달다.
食器	しょっき	**식기** 食器を洗う。 식기를 씻다.

書店 しょてん

⊜ 本屋

서점

書店で本を買う。 서점에서 책을 사다.

女優 じょゆう

여배우

女優になる夢を持つ。 여배우가 되는 꿈을 지니다.

書類 しょるい

서류

書類を作成する。 서류를 작성하다.

知らせ しらせ

통지, 안내, 소식

合格の知らせが届く。 합격 통지가 도착하다.

知り合い しりあい

지인, 아는 사람

彼とは古い知り合いだ。

그와는 오래전부터 아는 사이이다.

私立 しりつ

사립

私立大学に通う。 사립 대학에 다니다.

資料 しりょう

자료

資料を準備する。 자료를 준비하다.

印 しるし

표시, 상징

印をつける。 표시를 하다.

進学 しんがく

진학

大学に進学する。 대학에 진학하다.

新幹線 しんかんせん

신칸센(일본 고속 철도)

新幹線で東京に行く。 신칸센으로 도쿄에 가다.

信号 しんごう

신호, 신호등

信号が青に変わる。 신호등이 파란색으로 바뀌다.

診察 しんさつ

진찰

診察を受ける。 진찰을 받다.

人種	じんしゅ	**인종** 世界には様々な人種がいる。 세계에는 다양한 인종이 있다.
申請	しんせい	**신청** ビザを申請する。 비자를 신청하다.
人生	じんせい	**인생** 自分の人生を生きる。 자신의 인생을 살다.
親戚	しんせき	**친척** 親戚の家を訪ねる。 친척 집을 방문하다.
身長	しんちょう	**신장, 키** 身長を測る。 신장을 재다.
進歩	しんぽ	**진보** 技術が進歩する。 기술이 진보하다.
深夜	しんや	**심야** 深夜まで仕事をする。 심야까지 일을 하다.
親友	しんゆう	**친구, 벗** 親友と旅行に行く。 친구와 여행을 가다.
心理	しんり	**심리** 人の心理を理解する。 사람의 심리를 이해하다.
親類	しんるい	**친척, 친척뻘** 親類が集まる。 친척이 모이다.
酢	す	**식초** 酢を加える。 식초를 첨가하다.
水滴	すいてき	**물방울** 水滴が落ちる。 물방울이 떨어지다.
水道料金	すいどうりょうきん	**수도 요금** 水道料金を払う。 수도 요금을 지불하다.

睡眠	すいみん	**수면, 잠** 十分(じゅうぶん)な睡眠(すいみん)を取(と)る。 충분한 수면을 취하다.
数式	すうしき	**수식, 수학 공식** 数式(すうしき)を覚(おぼ)える。 수식을 외우다.
末っ子	すえっこ	**막내** 末(すえ)っ子が生(う)まれる。 막내가 태어나다.
好き嫌い	すききらい	**좋고 싫음, 호불호, 가림** 食(た)べ物(もの)の好(す)き嫌(きら)いが激(はげ)しい。 음식의 호불호가 심하다.
頭痛	ずつう	**두통** 頭痛(ずつう)がする。 두통이 나다.
全て	すべて	**전부, 모두** 全(すべ)てを理解(りかい)する。 모든 것을 이해하다.
住まい	すまい	**거처, 집** 新(あたら)しい住(す)まいに引(ひ)っ越(こ)す。 새 거처로 이사하다.
隅	すみ	**구석, 귀퉁이** 部屋(へや)の隅(すみ)に置(お)く。 방 한구석에 두다.
図面	ずめん	**도면** 図面(ずめん)を描(えが)く。 도면을 그리다.
税 ➕ 消費税(しょうひぜい) 소비세	ぜい	**세, 세금** 税(ぜい)を払(はら)う。 세금을 내다.
正解	せいかい	**정답** あなたの答(こた)えは正解(せいかい)だ。 당신의 답은 정답이다.
性格	せいかく	**성격** 性格(せいかく)が明(あか)るい。 성격이 밝다.
生活費	せいかつひ	**생활비** 生活費(せいかつひ)を計算(けいさん)する。 생활비를 계산하다.

請求書	せいきゅうしょ	**청구서** 請求書を発行する。 청구서를 발행하다.
税金	ぜいきん	**세금** 税金を減らす。 세금을 줄이다.
制限	せいげん	**제한** 速度制限を守る。 속도 제한을 지키다.
成功	せいこう	**성공** 実験に成功する。 실험에 성공하다.
税込み	ぜいこみ	**세금 포함** 税込み価格で表示する。 세금 포함 가격으로 표시하다.
正座	せいざ	**정좌** 正座をする。 정좌를 하다.
政治家	せいじか	**정치가** 政治家の道に進む。 정치가의 길로 나아가다.
正式	せいしき	**정식** 正式の合格発表を待つ。 정식 합격 발표를 기다리다.
性質	せいしつ	**성질** 物質の性質を調べる。 물질의 성질을 조사하다.
青春	せいしゅん	**청춘** 青春時代を思い出す。 청춘 시절을 떠올리다.
青少年	せいしょうねん	**청소년** 国の未来は青少年にある。 나라의 미래는 청소년에게 있다.
成人 + 成人式 성인식	せいじん	**성인, 어른** 子供が成長して成人になる。 아이가 성장하여 성인이 되다.
成績	せいせき	**성적** 成績が上がる。 성적이 오르다.

清掃	せいそう	**청소** ビルを清掃する。 빌딩을 청소하다.
成長	せいちょう	**성장** 国家経済が成長する。 국가 경제가 성장하다.
青年	せいねん	**청년** 青年企業家として活動する。 청년 기업가로 활동하다.
生年月日	せいねんがっぴ	**생년월일** 生年月日を書く。 생년월일을 쓰다.
製品	せいひん	**제품** 新しい製品を開発する。 새로운 제품을 개발하다.
制服	せいふく	**제복, 교복** 制服を着る。 제복을 입다.
正門	せいもん	**정문** 正門から入る。 정문으로 들어가다.
整理	せいり	**정리** 資料を整理する。 자료를 정리하다.
席	せき	**자리, 좌석** 席に着く。 자리에 앉다.
咳	せき	**기침** 咳が止まらない。 기침이 멎지 않다.
責任	せきにん	**책임** 責任を持つ。 책임을 지다.
石油	せきゆ	**석유** 石油は重要な資源である。 석유는 중요한 자원이다.
接待	せったい	**접대** お客を接待する。 손님을 접대하다.

節約	せつやく	**절약** 生活費を節約する。 생활비를 절약하다.
線	せん	**선, 줄** 一本の線を引く。 한 줄의 선을 긋다.
全員	ぜんいん	**전원** 全員で協力する。 전원이 협력하다.
選挙	せんきょ	**선거** 選挙運動をする。 선거 운동을 하다.
前後	ぜんご	**전후, 앞뒤** 前後を確認する。 전후를 확인하다.
専攻	せんこう	**전공** 大学で専攻を決める。 대학에서 전공을 결정하다.
洗剤	せんざい	**세제** 洗剤を使う。 세제를 사용하다.
先日 ⊜ この間	せんじつ	**요전, 일전, 얼마 전** 先日、友人に会った。 얼마 전에 친구를 만났다.
選手	せんしゅ	**선수** 代表選手として活躍する。 대표 선수로 활약하다.
全身	ぜんしん	**전신, 온몸** 全身が痛い。 온몸이 아프다.
選択	せんたく	**선택** 好きなものを選択する。 좋아하는 것을 선택하다.
洗濯機	せんたくき	**세탁기** 洗濯機を回す。 세탁기를 돌리다.
洗濯物	せんたくもの	**세탁물, 빨래** 洗濯物を干す。 빨래를 널다.

宣伝	せんでん	선전	新商品(しんしょうひん)を宣伝(せんでん)する。 신상품을 선전하다.
前半	ぜんはん	전반	試合(しあい)の前半(ぜんはん)が終(お)わる。 시합의 전반이 끝나다.
扇風機	せんぷうき	선풍기	扇風機(せんぷうき)をつける。 선풍기를 틀다.
洗面所	せんめんじょ	세면실, 세면장	洗面所(せんめんじょ)で手(て)を洗(あら)う。 세면장에서 손을 씻다.
専門家	せんもんか	전문가	専門家(せんもんか)の話(はなし)を聞(き)く。 전문가의 말을 듣다.
線路	せんろ	선로	線路(せんろ)の近(ちか)くで遊(あそ)ばないでください。 선로 근처에서 놀지 마세요.
騒音	そうおん	소음	工事(こうじ)の騒音(そうおん)がうるさい。 공사 소음이 시끄럽다.
送金	そうきん	송금	海外(かいがい)に送金(そうきん)する。 해외로 송금하다.
増減	ぞうげん	증감	売(う)り上(あ)げの増減(ぞうげん)が激(はげ)しい。 매출의 증감이 심하다.
総合	そうごう	종합	みんなの話(はなし)を総合(そうごう)する。 모두의 이야기를 종합하다.
掃除機	そうじき	청소기	掃除機(そうじき)をかける。 청소기를 돌리다.
送信	そうしん	송신	データを送信(そうしん)する。 데이터를 송신하다.
想像	そうぞう	상상	未来(みらい)を想像(そうぞう)する。 미래를 상상하다.

創造	そうぞう	**창조** 新しい文化を創造する。 새로운 문화를 창조하다.
相続	そうぞく	**상속, 이어 받음** 遺産を相続する。 유산을 상속하다.
早退	そうたい	**조퇴** 具合が悪くて早退する。 몸 상태가 안 좋아서 조퇴하다.
相談	そうだん	**상담, 의논** 友だちに相談する。 친구와 의논하다.
送別会	そうべつかい	**송별회** 送別会を開く。 송별회를 열다.
送料	そうりょう	**배송료, 배송비** 送料は無料です。 배송비는 무료입니다.
速達	そくたつ	**속달** 速達で送る。 속달로 보내다.
測定	そくてい	**측정** 長さを測定する。 길이를 측정하다.
速度	そくど	**속도** 制限速度で走る。 제한 속도로 달리다.
測量	そくりょう	**측량** 土地の測量をする。 토지 측량을 하다.
底	そこ	**밑, 바닥** 水の底に沈む。 물 밑으로 가라앉다.
卒業式	そつぎょうしき	**졸업식** 卒業式に参加する。 졸업식에 참가하다.
袖	そで	**소매** 袖が長い。 소매가 길다.

そのまま		**그대로** そのまま使(つか)う。 그대로 쓰다.
体育	たいいく	**체육** 体育(たいいく)の時間(じかん)にバスケをする。 체육 시간에 농구를 하다.
退院	たいいん	**퇴원** 病院(びょういん)から退院(たいいん)する。 병원에서 퇴원하다.
体温	たいおん	**체온** 体温(たいおん)が高(たか)い。 체온이 높다.
大会	たいかい	**대회** 大会(たいかい)に出場(しゅつじょう)する。 대회에 출전하다.
退学	たいがく	**퇴학** 大学(だいがく)を退学(たいがく)する。 대학을 퇴학하다.
代金	だいきん	**대금** 商品(しょうひん)の代金(だいきん)を支払(しはら)う。 상품의 대금을 지불하다.
滞在	たいざい	**체재, 체류** ホテルに滞在(たいざい)する。 호텔에 체류하다.
対策	たいさく	**대책** 問題(もんだい)への対策(たいさく)を考(かんが)える。 문제에 대한 대책을 생각하다.
体重	たいじゅう	**체중** 体重(たいじゅう)が増(ふ)える。 체중이 늘다.
退職	たいしょく	**퇴직** 定年(ていねん)で退職(たいしょく)する。 정년이 되어 퇴직하다.
態度	たいど	**태도** 真面目(まじめ)な態度(たいど)で仕事(しごと)をする。 성실한 태도로 일을 하다.
大統領	だいとうりょう	**대통령** 大統領選挙(だいとうりょうせんきょ)が行(おこな)われる。 대통령 선거가 치러지다.

代表	だいひょう	**대표** 会社(かいしゃ)を代表(だいひょう)する。 회사를 대표하다.
逮捕	たいほ	**체포** 犯人(はんにん)を逮捕(たいほ)する。 범인을 체포하다.
題名	だいめい	**제목, 표제** 作品(さくひん)の題名(だいめい)を付(つ)ける。 작품의 제목을 붙이다.
代理	だいり	**대리** 代理(だいり)で会議(かいぎ)に出(で)る。 대리로 회의에 나가다.
大量	たいりょう	**대량, 다량** 大量(たいりょう)の注文(ちゅうもん)が入(はい)る。 대량의 주문이 들어오다.
体力	たいりょく	**체력** 体力(たいりょく)がつく。 체력이 붙다.
宝	たから	**보물** 子供(こども)は国(くに)の宝(たから)だ。 어린이는 나라의 보물이다.
足し算	たしざん	**덧셈** 足(た)し算(ざん)で合計(ごうけい)を出(だ)す。 덧셈으로 합계를 내다.
ただ ＝ 無料(むりょう) 무료		**① 공짜, 무료** 入場料(にゅうじょうりょう)はただだ。 입장료는 무료이다. **② 보통임, 단순함** これはただの物(もの)ではない。 이것은 보통의 물건이 아니다.
戦い	たたかい	**싸움, 전쟁** 戦(たたか)いに勝(か)つ。 싸움에 이기다.
抱っこ	だっこ	**안음, 안김** 赤(あか)ちゃんを抱(だ)っこする。 아기를 안다.
他人	たにん	**타인, 남** 他人(たにん)の気持(きも)ちを考(かんが)える。 타인의 기분을 생각하다.

種 たね
씨앗
種をまく。 씨를 뿌리다.

頼み たのみ
부탁, 의뢰
頼みを断る。 부탁을 거절하다.

旅 たび
여행
長い旅に出る。 긴 여행을 떠나다.

短期 たんき
단기
短期の旅行に行く。 단기 여행을 가다.

単語 たんご
단어
英語の単語を覚える。 영어 단어를 외우다.

男子 だんし
남자
男子生徒たちがサッカーをしている。
남학생들이 축구를 하고 있다.

短所 たんしょ
단점
自分の短所を知る。 자신의 단점을 알다.

誕生 たんじょう
➕ 誕生日 생일
탄생
新しいチャンピオンが誕生した。
새로운 챔피언이 탄생했다.

断水 だんすい
단수, 물이 끊김
事故で断水する。 사고로 단수가 되다.

団体 だんたい
단체
団体で旅行する。 단체로 여행하다.

担当 たんとう
담당
販売を担当する。 판매를 담당하다.

暖房 だんぼう
난방
暖房をつける。 난방을 켜다.

地下	ちか	**지하**	その店(みせ)は地下(ちか)一階(いっかい)にある。 그 가게는 지하 1층에 있다.
違い	ちがい	**차이**	二人(ふたり)の意見(いけん)に違(ちが)いはない。 두 사람의 의견에 차이는 없다.
地下水	ちかすい	**지하수**	地下水(ちかすい)を利用(りよう)する。 지하수를 이용하다.
近道	ちかみち	**지름길**	近道(ちかみち)を通(とお)る。 지름길로 지나가다.
地球	ちきゅう	**지구**	青(あお)い地球(ちきゅう)を守(まも)る。 푸른 지구를 지키다.
知識	ちしき	**지식**	知識(ちしき)を深(ふか)める。 지식을 깊게 하다.
知人	ちじん	**지인, 아는 사람**	学生時代(がくせいじだい)の知人(ちじん)に会(あ)う。 학창 시절의 지인을 만나다.
地方	ちほう	**지방**	東京(とうきょう)から地方(ちほう)に引(ひ)っ越(こ)す。 도쿄에서 지방으로 이사하다.
地名	ちめい	**지명**	この地名(ちめい)は読(よ)み方(かた)が難(むずか)しい。 이 지명은 읽기가 어렵다.
中央	ちゅうおう	**중앙**	町(まち)の中央(ちゅうおう)に公園(こうえん)がある。 마을 중앙에 공원이 있다.
中学	ちゅうがく	**중학, 중학교**	中学時代(ちゅうがくじだい)を思(おも)い出(だ)す。 중학교 시절을 떠올리다.
中間	ちゅうかん	**중간**	中間(ちゅうかん)テストを受(う)ける。 중간고사를 치르다.
中級	ちゅうきゅう	**중급**	中級(ちゅうきゅう)クラスに進(すす)む。 중급반으로 진급하다.

中古	ちゅうこ	**중고** 中古の車を買う。 중고차를 사다.
注射	ちゅうしゃ	**주사** 腕に注射をする。 팔에 주사를 놓다.
駐車	ちゅうしゃ	**주차** 車を駐車する。 자동차를 주차하다.
駐車違反	ちゅうしゃいはん	**주차 위반** 駐車違反をする。 주차 위반을 하다.
中旬	ちゅうじゅん	**중순** 今月の中旬に旅行する。 이달 중순에 여행을 간다.
昼食	ちゅうしょく	**점심 식사, 점심** 昼食を食べる。 점심을 먹다.
中心	ちゅうしん	**중심** 東京は経済の中心である。 도쿄는 경제의 중심이다.
中年	ちゅうねん	**중년** 中年は太りやすい。 중년은 살찌기 쉽다.
注目	ちゅうもく	**주목** 注目を集める。 주목을 끌다.
注文	ちゅうもん	**주문** カレーを注文して食べる。 카레를 주문하여 먹다.
超過	ちょうか	**초과** 制限時間を超過する。 제한 시간을 초과하다.
朝刊	ちょうかん	**조간, 조간 신문** 朝刊を読む。 조간을 읽다.
調査	ちょうさ	**조사** アンケート調査に協力する。 설문 조사에 협력하다.

調子	ちょうし	**몸 상태, 컨디션** 体(からだ)の調子(ちょうし)が悪(わる)い。 몸 상태가 안 좋다.
長所	ちょうしょ	**장점** 長所(ちょうしょ)を生(い)かす。 장점을 살리다.
長女	ちょうじょ	**장녀, 맏딸, 큰딸** 長女(ちょうじょ)の卒業式(そつぎょうしき)に出席(しゅっせき)する。 큰딸의 졸업식에 참석하다.
朝食	ちょうしょく	**조식, 아침 식사** 朝食(ちょうしょく)を済(す)ませる。 아침 식사를 끝내다.
調整	ちょうせい	**조정** スケジュールを調整(ちょうせい)する。 스케줄을 조정하다.
長男	ちょうなん	**장남, 맏아들, 큰아들** 長男(ちょうなん)が結婚(けっこん)する。 장남이 결혼하다.
調味料	ちょうみりょう	**조미료** 料理(りょうり)に調味料(ちょうみりょう)を入(い)れる。 요리에 조미료를 넣다.
直後	ちょくご	**직후** ゴールの直後(ちょくご)に倒(たお)れる。 골 직후에 쓰러지다.
直接	ちょくせつ	**직접** 直接(ちょくせつ)会(あ)って話(はな)す。 직접 만나서 이야기하다.
直線	ちょくせん	**직선** 直線(ちょくせん)を引(ひ)く。 직선을 긋다.
直前	ちょくぜん	**직전** 出発(しゅっぱつ)の直前(ちょくぜん)に確認(かくにん)する。 출발 직전에 확인하다.
直通	ちょくつう	**직통** 直通(ちょくつう)列車(れっしゃ)に乗(の)る。 직통 열차를 타다.
通過	つうか	**통과** トンネルを通過(つうか)する。 터널을 통과하다.

通勤	つうきん	**통근** 毎日電車(まいにちでんしゃ)で通勤(つうきん)する。 매일 전철로 통근하다.
通行	つうこう	**통행** 道(みち)の左側(ひだりがわ)を通行(つうこう)する。 길의 좌측을 통행하다.
通信	つうしん	**통신** 通信料金(つうしんりょうきん)が高(たか)い。 통신 요금이 비싸다.
通知	つうち	**통지** 変更(へんこう)を通知(つうち)する。 변경을 통지하다.
通帳	つうちょう	**통장** 銀行(ぎんこう)で通帳(つうちょう)を作(つく)る。 은행에서 통장을 만들다.
通訳	つうやく	**통역** 英語(えいご)を通訳(つうやく)する。 영어를 통역하다.
疲れ	つかれ	**피로** 疲(つか)れが出(で)る。 피로가 나타나다.
月日	つきひ	**세월** 月日(つきひ)が経(た)つ。 세월이 흐르다.
土	つち	**흙, 땅** 故郷(こきょう)の土(つち)を踏(ふ)む。 고향 땅을 밟다.
続き	つづき	**연속, 계속, 후속** 小説(しょうせつ)の続(つづ)きを読(よ)む。 소설의 후속편을 읽다.
包み	つつみ	**꾸러미, 보따리** 包(つつ)みを開(あ)ける。 꾸러미를 열다.
出会い	であい	**만남** 人(ひと)との出会(であ)いを大切(たいせつ)にする。 사람과의 만남을 소중히 하다.
提案	ていあん	**제안** 提案(ていあん)を受(う)け入(い)れる。 제안을 받아들이다.

定員 ていいん
정원
乗車定員(じょうしゃていいん)を守(まも)る。 승차 정원을 지키다.

低下 ていか
저하
気温(きおん)が低下(ていか)する。 기온이 저하되다.

定期 ていき
정기
定期検査(ていきけんさ)を行(おこな)う。 정기 검사를 실시하다.

定期券 ていきけん
정기권
定期券(ていきけん)を買(か)う。 정기권을 사다.

停車 ていしゃ
정차
駅(えき)に電車(でんしゃ)が停車(ていしゃ)する。 역에 전철이 정차하다.

提出 ていしゅつ
제출
レポートを提出(ていしゅつ)する。 보고서를 제출하다.

停電 ていでん
정전
地震(じしん)で停電(ていでん)する。 지진으로 정전되다.

出入り でいり
⊕ 出入り口(でいりぐち) 출입구
출입
この店(みせ)は人(ひと)の出入(でい)りが多(おお)い。
이 가게는 사람들의 출입이 많다.

出来事 できごと
사건, 일
楽(たの)しい出来事(できごと)があった。 즐거운 일이 있었다.

手首 てくび
손목
手首(てくび)が痛(いた)い。 손목이 아프다.

手品 てじな
요술, 마술, 속임수
手品(てじな)を見(み)せる。 마술을 보여주다.

手伝い てつだい
도움, 도와줌
手伝(てつだ)いを頼(たの)む。 도움을 부탁하다.

鉄道 てつどう
철도
鉄道(てつどう)で旅行(りょこう)する。 철도로 여행하다.

電球	でんきゅう	전구	電球が切れる。 전구가 나가다.
電気料金	でんきりょうきん	전기 요금	電気料金が上がる。 전기 요금이 오르다.
天国	てんごく	천국	ここは子供の天国だ。 이곳은 아이들의 천국이다.
伝言	でんごん	전언, 메시지	伝言を頼む。 전언을 부탁하다.
展示	てんじ	전시	作品を展示する。 작품을 전시하다.
電車代	でんしゃだい	전철 요금	電車代を払う。 전철 요금을 지불하다.
伝染	でんせん	전염	病気に伝染する。 병에 전염되다.
電柱	でんちゅう	전신주, 전봇대	電柱が倒れる。 전봇대가 쓰러지다.
電話代	でんわだい	전화 요금	電話代を減らす。 전화 요금을 줄이다.
問い合わせ	といあわせ	문의	問い合わせに対応する。 문의에 대응하다.
答案	とうあん	답안	答案を出す。 답안을 제출하다.
統計	とうけい	통계	統計データを集める。 통계 데이터를 모으다.
動作	どうさ	동작	動作が速い。 동작이 빠르다.

当日	とうじつ	**당일** 当日雨の場合は中止します。 당일 비가 오는 경우에는 중지합니다.
登場	とうじょう	**등장** 主人公が登場する。 주인공이 등장하다.
当然	とうぜん	**당연** 彼の成功は当然だ。 그의 성공은 당연하다.
灯台	とうだい	**등대** 遠くに灯台が見える。 멀리 등대가 보인다.
到着	とうちゃく	**도착** 目的地に到着する。 목적지에 도착하다.
東南アジア	とうなんアジア	**동남아시아** 東南アジアを旅行する。 동남아시아를 여행하다.
東洋	とうよう	**동양** 東洋の文化に触れる。 동양의 문화를 접하다.
道路	どうろ	**도로** 道路が込んでいる。 도로가 붐비고 있다.
遠回り ⊜回り道	とおまわり	**우회, 멀리 돌아서 감** 遠回りをする。 멀리 돌아가다.
毒	どく	**독** この魚は毒がある。 이 생선은 독이 있다.
読書	どくしょ	**독서** 読書を楽しむ。 독서를 즐기다.
特色	とくしょく	**특색** 地域の特色を生かす。 지역의 특색을 살리다.
独身	どくしん	**독신** 独身生活を送る。 독신 생활을 보내다.

特長	とくちょう	**특장, 특별한 장점** 製品の特長を説明する。 제품의 특장을 설명하다.
特売	とくばい	**특매, 특가 판매** 夏物を特売する。 여름 용품을 특가 판매하다.
独立	どくりつ	**독립** 親から独立する。 부모로부터 독립하다.
床の間	とこのま	**도코노마(일본식 방의 장식 공간)** 床の間に花を飾る。 도코노마에 꽃을 장식하다.
登山	とざん	**등산** 友達と登山する。 친구와 등산하다.
都市	とし	**도시** 都市を作る。 도시를 만들다.
年上	としうえ	**연상, (나보다) 나이가 많음** 彼は私より年上だ。 그는 나보다 연상이다.
土地	とち	**토지** 土地を開発する。 토지를 개발하다.
徒歩	とほ	**도보** 駅まで徒歩で行く。 역까지 도보로 가다.
友	とも	**친구** いい友を持つ。 좋은 친구를 가지다.
虎	とら	**호랑이** 動物園で虎を見る。 동물원에서 호랑이를 보다.
取引	とりひき	**거래** 外国の会社と取引する。 외국 회사와 거래하다.
努力	どりょく	**노력** 休まず努力する。 쉬지 않고 노력하다.

泥	どろ	**진흙** 靴(くつ)が泥(どろ)だらけだ。 신발이 진흙투성이다.
名	な	**이름** この花(はな)の名(な)は何(なん)ですか。 이 꽃의 이름은 무엇입니까?
内科	ないか	**내과** 内科(ないか)で診察(しんさつ)をする。 내과에서 진찰을 하다.
内緒	ないしょ	**비밀** この話(はなし)は内緒(ないしょ)にしてください。 이 이야기는 비밀로 해주세요.
内線	ないせん	**내선** 内線電話(ないせんでんわ)が鳴(な)る。 내선 전화가 울리다.
内容	ないよう	**내용** 内容(ないよう)を理解(りかい)する。 내용을 이해하다.
仲	なか	**사이, 관계** 二人(ふたり)の仲(なか)が悪(わる)い。 두 사람 사이가 나쁘다.
仲直り	なかなおり	**화해** 友達(ともだち)と仲直(なかなお)りをする。 친구와 화해를 하다.
中指	なかゆび	**중지, 가운데 손가락** 中指(なかゆび)に怪我(けが)をする。 가운데 손가락을 다치다.
仲良し	なかよし	**사이가 좋음, 친한 사이** 隣(となり)の子(こ)と仲良(なかよ)しになる。 옆집 아이와 친해지다.
流れ	ながれ	**흐름** 試合(しあい)の流(なが)れが変(か)わる。 경기의 흐름이 바뀌다.
納得	なっとく	**납득** 説明(せつめい)に納得(なっとく)する。 설명에 납득하다.
斜め	ななめ	**비스듬함, 경사** 帽子(ぼうし)を斜(なな)めにかぶる。 모자를 비스듬히 쓰다.

生	なま	**날것** 生の魚を食べる。 날생선을 먹다.
波	なみ	**물결, 파도** 今日は波が高い。 오늘은 파도가 높다.
並木	なみき	**가로수** 道路に並木を植える。 도로에 가로수를 심다.
涙	なみだ	**눈물** 涙を流す。 눈물을 흘리다.
南北	なんぼく	**남북** 日本は南北に長い。 일본은 남북으로 길다.
日時	にちじ	**일시, 시일** 会議の日時を決める。 회의 일시를 정하다.
日常	にちじょう	**일상** 日常生活を送る。 일상생활을 보내다.
日用品	にちようひん	**일용품, 생필품** 日用品を買う。 일용품을 사다.
日程	にってい	**일정** 旅行の日程が変わる。 여행 일정이 바뀌다.
日本酒	にほんしゅ	**일본술(특히 청주)** 日本酒を飲む。 일본술을 마시다.
荷物	にもつ	**짐** 荷物を運ぶ。 짐을 나르다.
入場	にゅうじょう	**입장** 会場に入場する。 모임 장소에 입장하다.
入場料	にゅうじょうりょう	**입장료** 入場料を支払う。 입장료를 지불하다.

入浴	にゅうよく	입욕	温泉(おんせん)に入浴(にゅうよく)する。 온천에 입욕하다.
入力	にゅうりょく	입력	データを入力(にゅうりょく)する。 데이터를 입력하다.
鶏	にわとり	닭	庭(にわ)に鶏(にわとり)がいる。 마당에 닭이 있다.
人気	にんき	인기	人気(にんき)商品(しょうひん)を買(か)う。 인기 상품을 사다.
人間	にんげん	인간	人間(にんげん)関係(かんけい)に悩(なや)む。 인간관계로 고민하다.
根	ね	뿌리	草(くさ)の根(ね)が深(ふか)い。 풀의 뿌리가 깊다.
値上げ	ねあげ	가격 인상	料金(りょうきん)を値上(ねあ)げする。 요금을 인상하다.
願い	ねがい	소원, 바람	自分(じぶん)の願(ねが)いを言(い)う。 자신의 소원을 말하다.
値下げ	ねさげ	가격 인하	商品(しょうひん)を値下(ねさ)げする。 상품을 가격 인하하다.
ねずみ		쥐	ねずみを捕(つか)まえる。 쥐를 잡다.
値段	ねだん	가격	値段(ねだん)を比(くら)べる。 가격을 비교하다.
熱中	ねっちゅう	열중	ゲームに熱中(ねっちゅう)する。 게임에 열중하다.
年賀状	ねんがじょう	연하장	年賀状(ねんがじょう)を書(か)く。 연하장을 쓰다.

年間	ねんかん	**연간** 年間計画を立てる。 연간 계획을 세우다.
年月	ねんげつ	**세월** 長い年月が経つ。 오랜 세월이 지나다.
年中	ねんじゅう	**연중, 일년 내내** 年中無休で営業する。 연중무휴로 영업하다.
年代	ねんだい	**연대** 建物の年代を調べる。 건물의 연대를 조사하다.
年末	ねんまつ	**연말** 年末はとても忙しい。 연말은 매우 바쁘다.
野	の	**들, 들판** 野に花が咲く。 들에 꽃이 피다.
農業	のうぎょう	**농업** 農業は大事な産業だ。 농업은 중요한 산업이다.
農村	のうそん	**농촌** 農村で暮らす。 농촌에서 살다.
農民	のうみん	**농민** 農民の仕事は大変だ。 농민의 일은 힘이 든다.
能力	のうりょく	**능력** 能力を伸ばす。 능력을 향상시키다.
残り	のこり	**나머지** 残りの仕事を片付ける。 나머지 일을 처리하다.
上り ⊖ 下り 하행	のぼり	**상행, 올라감** 上りの電車に乗る。 상행 전철을 타다.
飲み会	のみかい	**회식** 飲み会に参加する。 회식에 참가하다.

海苔	のり	김 海苔(のり)をご飯(はん)と一緒(いっしょ)に食(た)べる。 김을 밥과 함께 먹다.
乗り越し	のりこし	목적지를 지나침 会話(かいわ)に夢中(むちゅう)になって乗(の)り越(こ)しする。 대화에 열중해 목적지를 지나치다.
歯	は	이, 치아 歯(は)を磨(みが)く。 이를 닦다.
倍	ばい	배, 갑절, 곱절 収入(しゅうにゅう)が倍(ばい)になる。 수입이 배가 되다.
灰色	はいいろ	회색, 잿빛 今日(きょう)の空(そら)は灰色(はいいろ)だ。 오늘 하늘은 잿빛이다.
梅雨 ⊜つゆ	ばいう	장마, 장마철 梅雨(ばいう)前線(ぜんせん)が北上(ほくじょう)する。 장마 전선이 북상하다.
配達	はいたつ	배달 荷物(にもつ)を配達(はいたつ)する。 짐을 배달하다.
売店	ばいてん	매점 売店(ばいてん)で買(か)い物(もの)をする。 매점에서 물건을 사다.
売買	ばいばい	매매, 거래 商品(しょうひん)を売買(ばいばい)する。 상품을 매매하다.
拍手	はくしゅ	박수 拍手(はくしゅ)を送(おく)る。 박수를 보내다.
博物館	はくぶつかん	박물관 博物館(はくぶつかん)を見学(けんがく)する。 박물관을 견학하다.
箸	はし	젓가락 箸(はし)を使(つか)う。 젓가락을 사용하다.
柱	はしら	기둥 柱(はしら)を立(た)てる。 기둥을 세우다.

バス停	バスてい	**버스 정류장** バス停でバスを待つ。 버스 정류장에서 버스를 기다리다.
畑	はたけ	**밭** 畑に出て仕事をする。 밭에 나가 일을 하다.
働き	はたらき	**① 일, 작업** 働きに出る。 일하러 나가다. **② 작용, 기능** 脳の働きが弱くなる。 뇌의 기능이 약해지다.
働き者	はたらきもの	**일꾼, 부지런한 사람** 彼は働き者だ。 그는 부지런한 사람이다.
発見	はっけん	**발견** 問題を発見する。 문제를 발견하다.
発言	はつげん	**발언** 会議で発言する。 회의에서 발언하다.
発車	はっしゃ	**발차** 電車が発車する。 전철이 발차하다.
発生	はっせい	**발생** 事件が発生する。 사건이 발생하다.
発想	はっそう	**발상** 発想を変える。 발상을 바꾸다.
発達	はったつ	**발달** 言語能力が発達する。 언어 능력이 발달하다.
発展	はってん	**발전** 技術が発展する。 기술이 발전하다.
発電	はつでん	**발전, 전기를 일으킴** 風力で発電する。 풍력으로 발전하다.

発売	はつばい	**발매** 新商品(しんしょうひん)を発売(はつばい)する。 신상품을 발매하다.
発表	はっぴょう	**발표** 研究結果(けんきゅうけっか)を発表(はっぴょう)する。 연구 결과를 발표하다.
発明	はつめい	**발명** 新(あたら)しい技術(ぎじゅつ)を発明(はつめい)する。 새로운 기술을 발명하다.
話し合い	はなしあい	**대화, 의논** 問題(もんだい)を話(はな)し合(あ)いで解決(かいけつ)する。 문제를 대화로 해결하다.
話し中	はなしちゅう	**말씀 중, 통화 중** 電話(でんわ)は話(はな)し中(ちゅう)だ。 전화는 통화 중이다.
花火 ⊕ 花火大会(はなびたいかい) 불꽃놀이	はなび	**불꽃** 花火(はなび)を上(あ)げる。 불꽃을 쏘아 올리다.
鼻水	はなみず	**콧물** 鼻水(はなみず)が出(で)る。 콧물이 나다.
幅	はば	**폭, 너비** 道(みち)の幅(はば)が狭(せま)い。 길의 폭이 좁다.
母親	ははおや	**어머니, 모친** 妹(いもうと)は母親(ははおや)に似(に)ている。 여동생은 어머니를 닮았다.
歯磨き ⊖ 歯磨(はみが)き粉(こ) 치약	はみがき	**① 양치질** 食事(しょくじ)の後(あと)に歯磨(はみが)きをする。 식사 후에 양치질을 하다. **② 치약** 歯磨(はみが)きを使(つか)う。 치약을 쓰다.
場面	ばめん	**장면** 場面(ばめん)が変(か)わる。 장면이 바뀌다.
早口	はやくち	**말이 빠름** 早口(はやくち)で話(はな)す。 빠르게 말하다.

速さ	はやさ	**빠르기, 속도** 風の速さを測る。 바람의 속도를 재다.
早寝早起き	はやねはやおき	**일찍 자고 일찍 일어남** 早寝早起きは体にいい。 일찍 자고 일찍 일어나는 것은 몸에 좋다.
針	はり	**바늘** 針で縫う。 바늘로 꿰매다.
番	ばん	**순서, 차례** 自分の番を待つ。 자기 차례를 기다리다.
範囲	はんい	**범위** 範囲が広い。 범위가 넓다.
反省	はんせい	**반성** 自分の行動を反省する。 자신의 행동을 반성하다.
反対	はんたい	**반대** 反対意見を言う。 반대 의견을 말하다.
半年 ⊖ はんねん	はんとし	**반년** 半年ほど留学したい。 반년 정도 유학하고 싶다.
半日	はんにち	**반나절** 半日で仕事を終える。 반나절 만에 일을 끝내다.
犯人	はんにん	**범인** 犯人を捕まえる。 범인을 잡다.
販売	はんばい	**판매** チケットを販売する。 티켓을 판매하다.
日当たり	ひあたり	**볕이 듦, 양지** 日当たりがいい。 볕이 잘 들다.
被害	ひがい	**피해** 被害に遭う。 피해를 당하다.

日帰り	ひがえり	당일치기	日帰り旅行に行く。 당일치기 여행을 가다.
比較	ひかく	비교	二つを比較する。 두 개를 비교하다.
引き算	ひきざん	뺄셈	引き算を習う。 뺄셈을 배우다.
飛行	ひこう	비행	飛行時間を確認する。 비행 시간을 확인하다.
美術 ⊕ 美術館(びじゅつかん) 미술관	びじゅつ	미술	大学を卒業して美術の先生になる。 대학을 졸업하고 미술 선생님이 되다.
美人	びじん	미인	彼女は美人だ。 그녀는 미인이다.
筆記	ひっき	필기	筆記試験を受ける。 필기 시험을 치르다.
日付	ひづけ	일자, 날짜	手紙に日付を入れる。 편지에 날짜를 넣다.
引っ越し	ひっこし	이사	新しい家に引っ越しする。 새 집으로 이사하다.
人差し指	ひとさしゆび	검지, 집게손가락	人差し指で指す。 집게손가락으로 가리키다.
人々	ひとびと	사람들	人々の意見を聞く。 사람들의 의견을 듣다.
一人息子	ひとりむすこ	외아들	一人息子を大切に育てる。 외아들을 귀하게 키우다.
一人娘	ひとりむすめ	외동딸	一人娘をかわいがる。 외동딸을 귀여워하다.

皮肉	ひにく	비아냥거림, 비꼼 皮肉を言う。 비아냥거리다.
紐	ひも	끈 靴の紐を結ぶ。 구두끈을 매다.
表	ひょう	표 統計を表にまとめる。 통계를 표로 정리하다.
費用	ひよう	비용 費用を計算する。 비용을 계산하다.
秒	びょう	초(시간) 試合が終わるまであと30秒だ。 경기가 끝나기까지 앞으로 30초다.
美容	びよう	미용 野菜は美容にいい。 야채는 미용에 좋다.
表現	ひょうげん	표현 感情を表現する。 감정을 표현하다.
表紙	ひょうし	표지 雑誌の表紙を見る。 잡지의 표지를 보다.
表情	ひょうじょう	표정 表情が明るい。 표정이 밝다.
表面	ひょうめん	표면 床の表面を掃除する。 바닥 표면을 청소하다.
昼寝	ひるね	낮잠 昼寝をする。 낮잠을 자다.
広場	ひろば	광장 広場で遊ぶ。 광장에서 놀다.
瓶詰め	びんづめ	병조림 フルーツを瓶詰めにする。 과일을 병조림으로 만들다.

風景	ふうけい	**풍경** 美しい風景に感動する。 아름다운 풍경에 감동하다.
夫婦	ふうふ	**부부, 내외** 夫婦で旅行に行く。 부부끼리 여행을 가다.
部下	ぶか	**부하** 部下に注意する。 부하에게 주의를 주다.
復習	ふくしゅう	**복습** 復習をする。 복습을 하다.
複数	ふくすう	**복수, 둘 이상의 수, 여럿** 複数の例を出す。 복수의 예를 들다.
不合格	ふごうかく	**불합격** 試験に不合格になる。 시험에 불합격하다.
夫妻	ふさい	**부처, 부부, 내외** 山田夫妻がパーティーに参加する。 야마다 부부가 파티에 참석하다.
不足	ふそく	**부족** 材料が不足している。 재료가 부족하다.
ふた		**뚜껑** ふたを開ける。 뚜껑을 열다.
舞台	ぶたい	**무대** 舞台に立つ。 무대에 서다.
普段	ふだん	**평소, 평상시** 普段の食生活が大事だ。 평소의 식생활이 중요하다.
縁	ふち	**테두리, 가장자리** 池の縁に鳥がいる。 연못 가장자리에 새가 있다.
普通	ふつう	**보통, 평범함** 普通の生活を送る。 보통의 생활을 하다.

物価 ぶっか

물가

物価が上がる。 물가가 오르다.

沸騰 ふっとう

비등, 끓어오름

お湯が沸騰する。 물이 끓다.

物理 ぶつり

물리

物理を学ぶ。 물리를 배우다.

筆 ふで

붓

筆で字を書く。 붓으로 글씨를 쓰다.

部品 ぶひん

부품

部品を交換する。 부품을 교환하다.

部分 ぶぶん

부분

この部分を直せばよくなる。
이 부분을 고치면 좋아진다.

父母 ふぼ

부모

父母に感謝する。 부모님께 감사하다.

不満 ふまん

불만

仕事に不満がある。 일에 불만이 있다.

踏み切り ふみきり

건널목

踏み切りを渡る。 건널목을 건너다.

振り込み ふりこみ

송금, 이체

コンビニで振り込みができる。
편의점에서 이체가 가능하다.

雰囲気 ふんいき

분위기

職場の雰囲気が明るい。 직장 분위기가 밝다.

文献 ぶんけん

문헌

文献を調べる。 문헌을 조사하다.

文書	ぶんしょ	**문서** 文書(ぶんしょ)を作成(さくせい)する。 문서를 작성하다.
分数	ぶんすう	**분수** 分数(ぶんすう)を計算(けいさん)する。 분수를 계산하다.
文房具	ぶんぼうぐ	**문구, 문방구** 文房具(ぶんぼうぐ)をプレゼントする。 문구를 선물하다.
分類	ぶんるい	**분류** 図書(としょ)を分類(ぶんるい)する。 도서를 분류하다.
平均	へいきん	**평균** 成績(せいせき)の平均(へいきん)を出(だ)す。 성적의 평균을 내다.
平行	へいこう	**평행** 直線(ちょくせん)を平行(へいこう)に引(ひ)く。 직선을 평행으로 긋다.
米国	べいこく	**미국** 米国(べいこく)に渡(わた)る。 미국으로 건너가다.
平日	へいじつ	**평일** 平日(へいじつ)は忙(いそが)しい。 평일에는 바쁘다.
平和	へいわ	**평화** 平和(へいわ)を願(ねが)う。 평화를 바라다.
変化	へんか	**변화** 変化(へんか)を受(う)け入(い)れる。 변화를 받아들이다.
返却	へんきゃく	**반환, 반납** 借(か)りた本(ほん)を返却(へんきゃく)する。 빌린 책을 반납하다.
変更	へんこう	**변경** 予定(よてい)を変更(へんこう)する。 예정을 변경하다.
弁護士	べんごし	**변호사** 弁護士(べんごし)に相談(そうだん)する。 변호사에게 상담하다.

編集	へんしゅう	**편집** 本を編集する。 책을 편집하다.
貿易	ぼうえき	**무역** 貿易を拡大する。 무역을 확대하다.
方角	ほうがく	**방향, 방위** 方角を確かめる。 방향을 확인하다.
方向	ほうこう	**방향** 進む方向を決める。 나아갈 방향을 결정하다.
報告	ほうこく	**보고** 上司に報告する。 상사에게 보고하다.
宝石	ほうせき	**보석** 宝石で飾る。 보석으로 장식하다.
法則	ほうそく	**법칙** 自然の法則を理解する。 자연의 법칙을 이해하다.
包丁	ほうちょう	**부엌칼, 식칼** 包丁で切る。 식칼로 자르다.
忘年会	ぼうねんかい	**송년회** 忘年会を開く。 송년회를 열다.
方法	ほうほう	**방법** 解決方法を探る。 해결 방법을 찾다.
方々 ⊜あちらこちら	ほうぼう	**여기저기, 사방, 다방면** 方々歩き回る。 여기저기 돌아다니다.
方面	ほうめん	**방면** 東京方面の電車に乗る。 도쿄 방면의 전철을 타다.
訪問	ほうもん	**방문** 友人の家を訪問する。 친구 집을 방문하다.

단어	읽기	뜻 / 예문
法律	ほうりつ	**법률** 法律(ほうりつ)を守(まも)る。 법률을 지키다.
他	ほか	**다른 것, 다른 곳, 다른 사람** 他(ほか)の人(ひと)に頼(たの)む。 다른 사람한테 부탁하다.
ほこり		**먼지** 部屋(へや)がほこりだらけだ。 방이 먼지투성이이다.
募集	ぼしゅう	**모집** 社員(しゃいん)を募集(ぼしゅう)する。 사원을 모집하다.
保存	ほぞん	**보존** データを保存(ほぞん)する。 데이터를 보존하다.
坊ちゃん	ぼっちゃん	**아드님, 도련님(다른 집의 남자아이를 정중하게 나타내는 말)** 坊(ぼっ)ちゃんはお元気(げんき)ですか。 아드님은 잘 지내시죠?
歩道	ほどう	**인도, 보도** 歩道(ほどう)を歩(ある)く。 보도를 걷다.
歩道橋	ほどうきょう	**육교** 歩道橋(ほどうきょう)を渡(わた)る。 육교를 건너다.
本気	ほんき	**본심, 진심, 진지함** 本気(ほんき)でやる。 진지하게 임하다.
本店	ほんてん	**본점** 本店(ほんてん)でセールを行(おこな)う。 본점에서 세일을 실시하다.
本人	ほんにん	**본인** 本人(ほんにん)に確認(かくにん)する。 본인에게 확인하다.
本部	ほんぶ	**본부** この大学(だいがく)は東京(とうきょう)に本部(ほんぶ)がある。 이 대학은 도쿄에 본부가 있다.
本物	ほんもの	**진짜, 진품** 本物(ほんもの)のブランド品(ひん)を買(か)う。 진짜 브랜드 제품을 사다.

翻訳	ほんやく	**번역** 英語(えいご)に翻訳(ほんやく)する。 영어로 번역하다.
間	ま	**① 사이(공간, 시간적 사이)** 出発(しゅっぱつ)までに少(すこ)し間(ま)がある。 출발까지 시간이 좀 있다. **② 방** 間(ま)を借(か)りる。 방을 빌리다.
迷子	まいご	**미아** 迷子(まいご)になる。 미아가 되다.
毎度	まいど	**매번** 毎度(まいど)ありがとうございます。 매번 감사합니다.
負け	まけ	**패배, 짐** 負(ま)けを受(う)け入(い)れる。 패배를 받아들이다.
孫	まご	**손주** 孫(まご)と出(で)かける。 손주와 외출하다.
街	まち	**시가지, 거리** 街(まち)を散策(さんさく)する。 거리를 산책하다.
待ち合わせ	まちあわせ	**만날 약속** デパートで待(ま)ち合(あ)わせする。 백화점에서 만나기로 하다.
間違い	まちがい	**실수, 잘못** 間違(まちが)いを見(み)つける。 실수를 발견하다.
街角	まちかど	**길모퉁이, 길거리** 街角(まちかど)を曲(ま)がる。 길모퉁이를 돌다.
松	まつ	**솔, 소나무** 松(まつ)の木(き)が並(なら)ぶ。 소나무가 늘어서다.
窓側	まどがわ	**창가, 창 쪽** 窓側(まどがわ)の席(せき)に座(すわ)る。 창가 자리에 앉다.

まな板	まないた	**도마** まな板(いた)の上(うえ)で切(き)る。 도마 위에서 자르다.
真似	まね	**흉내, 따라함** 子供(こども)は親(おや)の真似(まね)をする。 아이는 부모를 따라한다.
豆	まめ	**콩** 豆(まめ)を煮(に)る。 콩을 삶다.
真夜中	まよなか	**한밤중** 真夜中(まよなか)に目(め)が覚(さ)める。 한밤중에 잠에서 깨다.
丸	まる	**동그라미, 원** 丸(まる)を描(えが)く。 동그라미를 그리다.
周り	まわり	**주위, 주변** 池(いけ)の周(まわ)りを歩(ある)く。 연못 주위를 걷다.
回り	まわり	**① 회전** 頭(あたま)の回(まわ)りが早(はや)い。 두뇌 회전이 빠르다. **② 경유** 東京駅(とうきょうえき)回(まわ)りで帰宅(きたく)する。 도쿄역을 경유해서 귀가하다.
回り道 ⊖ 遠回り(とおまわり)	まわりみち	**우회, 우회로** 回(まわ)り道(みち)をする。 우회하다.
満員	まんいん	**만원, 가득 참** 電車(でんしゃ)の中(なか)は満員(まんいん)だ。 전철 안은 만원이다.
満足	まんぞく	**만족, 충분함** 結果(けっか)に満足(まんぞく)する。 결과에 만족하다.
満点	まんてん	**만점** テストで満点(まんてん)を取(と)る。 시험에서 만점을 받다.
身	み	**몸** 身(み)も心(こころ)も疲(つか)れた。 몸도 마음도 지쳤다.

見送り	みおくり	**전송, 배웅** 駅(えき)まで見送(みおく)りに行(い)く。 역까지 배웅하러 가다.
味方	みかた	**아군, (자기) 편** 彼(かれ)は私(わたし)の味方(みかた)だ。 그는 내 편이다.
湖	みずうみ	**호수** 湖(みずうみ)で釣(つ)りをする。 호수에서 낚시를 하다.
水着	みずぎ	**수영복** 水着(みずぎ)を着(き)る。 수영복을 입다.
見出し	みだし	**표제, 표제어** 見出(みだ)しを読(よ)む。 표제를 읽다.
緑	みどり	**초록, 초목** 雨(あめ)で緑(みどり)がきれいになる。 비가 내려 초목이 아름다워지다.
見直し	みなおし	**재검토** 計画(けいかく)の見直(みなお)しを行(おこな)う。 계획의 재검토를 실시하다.
見本	みほん	**견본, 견품** 見本(みほん)を見(み)せる。 견본을 보여주다.
明後日 = あさって	みょうごにち	**모레** 明後日(みょうごにち)会(あ)う約束(やくそく)をする。 모레 만나기로 약속을 하다.
未来	みらい	**미래** 未来(みらい)を想像(そうぞう)する。 미래를 상상하다.
民間	みんかん	**민간** 民間(みんかん)企業(きぎょう)に就職(しゅうしょく)する。 민간 기업에 취직하다.
向かい	むかい	**맞은편, 건너편** 彼(かれ)の家(いえ)は私(わたし)の家(いえ)の向(む)かいにある。 그의 집은 우리 집 맞은편에 있다.
迎え	むかえ	**마중** 駅(えき)まで迎(むか)えに来(く)る。 역까지 마중 나오다.

向き	むき	**방향, 방면** 風(かぜ)の向(む)きが変(か)わる。 바람의 방향이 바뀌다.
無休	むきゅう	**무휴, 쉬지 않음** 年中(ねんじゅう)無休(むきゅう)で営業(えいぎょう)する。 연중무휴로 영업하다.
無視	むし	**무시** 交通信号(こうつうしんごう)を無視(むし)する。 교통 신호를 무시하다.
無地	むじ	**민무늬, 무늬가 없음** 無地(むじ)のシャツを着(き)る。 무늬가 없는 셔츠를 입다.
虫歯	むしば	**충치** 虫歯(むしば)が痛(いた)い。 충치가 아프다.
無線	むせん	**무선** 無線(むせん)で連絡(れんらく)を取(と)る。 무선으로 연락을 취하다.
無駄	むだ	**헛됨, 쓸데없음, 낭비** それは時間(じかん)の無駄(むだ)だ。 그건 시간 낭비이다.
無駄遣かい	むだづかい	**낭비, 허비** 無駄遣(むだづか)いをする。 낭비를 하다.
胸	むね	**가슴** 胸(むね)が痛(いた)む。 가슴이 아프다.
無料	むりょう	**무료** 入場料(にゅうじょうりょう)は無料(むりょう)だ。 입장료는 무료이다.
めい		**조카딸** めいが遊(あそ)びに来(く)る。 조카딸이 놀러 오다.
名作	めいさく	**명작** この小説(しょうせつ)は名作(めいさく)だ。 이 소설은 명작이다.
名刺	めいし	**명함** 名刺(めいし)を交換(こうかん)する。 명함을 교환하다.

名人 めいじん

명인, 명수

かれ めいじん
彼はピアノの名人だ。 그는 피아노의 명인이다.

命令 めいれい

명령

めいれい じっこう
命令を実行する。 명령을 실행하다.

迷惑 めいわく

폐, 불쾌함

めいわく
迷惑をかける。 폐를 끼치다.

目上 めうえ

めした
⊖ 目下 손아래

손위, 손윗사람, 윗사람

め うえ ひと けいご つか
目上の人に敬語を使う。 손윗사람에게 경어를 쓰다.

目覚まし めざまし

め ざ どけい
⊜ 目覚まし時計

자명종

め ざ な
目覚ましが鳴る。 자명종이 울리다.

飯 めし

밥, 식사

めし
そろそろ飯にしましょう。 슬슬 식사합시다.

目下 めした

め うえ
⊖ 目上 손위

손아래, 손아랫사람, 아랫사람

め した ひと しんせつ はな
目下の人に親切に話す。
손아랫사람에게 친절하게 말하다.

めまい

현기증

めまいがする。 현기증이 나다.

面会 めんかい

면회, 대면

きゃく めんかい
客と面会する。 손님과 대면하다.

免許 めんきょ

면허

うんてん めんきょ と
運転免許を取る。 운전 면허를 취득하다.

免税 めんぜい

めんぜいてん
⊕ 免税店 면세점

면세

しょうひん めんぜい
この商品は免税になる。 이 상품은 면세가 된다.

面接 めんせつ

면접

めんせつ う
面接を受ける。 면접을 보다.

申し込み もうしこみ

⊜ 申込

신청

もう こ う つ
申し込みを受け付ける。 신청을 받다.

申込者	もうしこみしゃ	**신청자** 申込者(もうしこみしゃ)が多(おお)い。 신청자가 많다.
申込書	もうしこみしょ	**신청서** 申込書(もうしこみしょ)を提出(ていしゅつ)する。 신청서를 제출하다.
毛布	もうふ	**모포, 담요** 毛布(もうふ)を掛(か)ける。 담요를 덮다.
目的	もくてき	**목적** 目的(もくてき)をはっきりさせる。 목적을 분명히 하다.
目標	もくひょう	**목표** 目標(もくひょう)を立(た)てる。 목표를 세우다.
文字	もじ	**문자, 글자** 文字(もじ)を読(よ)む。 문자를 읽다.
者	もの	**사람** 熱意(ねつい)のある者(もの)が集(あつ)まる。 열의 있는 사람이 모이다.
物置	ものおき	**광, 곳간, 창고** 物置(ものおき)に荷物(にもつ)を置(お)く。 창고에 짐을 놓다.
物語	ものがたり	**이야기** 感動的(かんどうてき)な物語(ものがたり)を読(よ)む。 감동적인 이야기를 읽다.
物忘れ	ものわすれ	**건망증** 物忘(ものわす)れがひどい。 건망증이 심하다.
模様	もよう	**모양, 무늬** 水玉(みずたま)模様(もよう)のネクタイをする。 물방울 무늬의 넥타이를 매다.
文句	もんく	**불평, 불만** 文句(もんく)を言(い)う。 불평을 하다.
野球	やきゅう	**야구** 野球(やきゅう)の試合(しあい)を見(み)に行(い)く。 야구 경기를 보러 가다.

火傷	やけど	**화상, 뎀** 手に火傷をする。 손에 화상을 입다.
家賃	やちん	**집세** 家賃を払う。 집세를 내다.
薬局	やっきょく	**약국** 薬局で薬を買う。 약국에서 약을 사다.
やり方	やりかた	**하는 방법, 수단** やり方を変える。 방법을 바꾸다.
やる気	やるき	**의욕, 할 마음** やる気が出る。 의욕이 생기다.
勇気	ゆうき	**용기** 勇気を出す。 용기를 내다.
友情	ゆうじょう	**우정** 友情を大切にする。 우정을 소중히 하다.
友人	ゆうじん	**친구, 벗** 友人と会う。 친구와 만나다.
郵送	ゆうそう	**우송** 書類を郵送する。 서류를 우송하다.
郵送料	ゆうそうりょう	**우송료** 郵送料を支払う。 우송료를 지불하다.
夕立	ゆうだち	**(여름 오후의) 소나기** 夕立が降る。 소나기가 내리다.
夕日	ゆうひ	**석양** 夕日が沈む。 석양이 지다.
郵便	ゆうびん	**우편, 우편물** 郵便が届く。 우편이 도착하다.

夕焼け	ゆうやけ	**저녁노을** 夕焼けが美しい。 저녁노을이 아름답다.
有料	ゆうりょう	**유료** 有料サービスを利用する。 유료 서비스를 이용하다.
床	ゆか	**바닥, 마루** 床を掃除する。 바닥을 청소하다.
行き先 ⊖いきさき	ゆきさき	**행선지, 목적지** 行き先を決める。 행선지를 정하다.
輸出	ゆしゅつ	**수출** 輸出が増える。 수출이 늘다.
夜明け	よあけ	**새벽, 새벽녘** 夜明けを待つ。 새벽을 기다리다.
用意	ようい	**준비** 出発の用意をする。 출발 준비를 하다.
容器	ようき	**용기, 그릇** 容器に入れる。 용기에 담다.
要求	ようきゅう	**요구** 要求に応じる。 요구에 응하다.
用件	ようけん	**용건** 用件を伝える。 용건을 전하다.
幼児	ようじ	**유아** 幼児の教育を行う。 유아 교육을 실시하다.
幼稚園	ようちえん	**유치원** 幼稚園に通う。 유치원에 다니다.
用途	ようと	**용도** 電子レンジは用途が広い。 전자레인지는 용도가 넓다.

翌朝 よくあさ

이튿날 아침, 다음 날 아침

翌朝に出発する。 다음 날 아침에 출발하다.

翌日 よくじつ

이튿날, 다음 날

翌日に連絡する。 다음 날에 연락하다.

翌週 よくしゅう

다음 주

今度の試験の翌週から夏休みだ。

이번 시험 다음 주부터 여름 방학이다.

欲張り よくばり

욕심쟁이

彼は欲張りだ。 그는 욕심쟁이이다.

予算 よさん

예산

予算を立てる。 예산을 세우다.

予習 よしゅう

예습

予習をする。 예습을 하다.

予想 よそう

예상

結果を予想する。 결과를 예상하다.

予測 よそく

예측

結果を予測する。 결과를 예측하다.

夜空 よぞら

밤하늘

夜空を見上げる。 밤하늘을 올려다보다.

四つ角 よつかど

사거리, 네거리, 십자로

四つ角を曲がる。 사거리를 돌다.

夜中 よなか

밤중, 한밤중

夜中に目が覚める。 밤중에 잠에서 깨다.

世の中 よのなか

세상

世の中は不公平だ。 세상은 불공평하다.

予報 よほう

예보

天気予報を確認する。 일기 예보를 확인하다.

予防	よぼう	예방	病気(びょうき)を予防(よぼう)する。 병을 예방하다.
喜び	よろこび	기쁨	合格(ごうかく)の喜(よろこ)びを伝(つた)える。 합격의 기쁨을 전하다.
利益	りえき	이익, 이득	利益(りえき)を追求(ついきゅう)する。 이익을 추구하다.
理科	りか	이과	理科(りか)の実験(じっけん)をする。 이과 실험을 하다.
理解	りかい	이해	理解(りかい)を深(ふか)める。 이해를 깊게 하다.
離婚	りこん	이혼	離婚(りこん)を決(き)める。 이혼을 결정하다.
理想	りそう	이상	理想(りそう)が高(たか)い。 이상이 높다.
理由	りゆう	이유	理由(りゆう)を説明(せつめい)する。 이유를 설명하다.
留学	りゅうがく	유학	アメリカに留学(りゅうがく)する。 미국에 유학하다.
流行	りゅうこう	유행	流行(りゅうこう)に乗(の)る。 유행을 타다.
量	りょう	양, 분량	量(りょう)を量(はか)る。 양을 재다.
両替	りょうがえ	환전	円(えん)をドルに両替(りょうがえ)する。 엔을 달러로 환전하다.
両側	りょうがわ	양측, 양쪽	両側(りょうがわ)の話(はなし)を聞(き)く。 양쪽의 이야기를 듣다.

料金	りょうきん	**요금** 料金(りょうきん)を払(はら)う。 요금을 내다.
履歴書	りれきしょ	**이력서** 履歴書(りれきしょ)を書(か)く。 이력서를 쓰다.
留守	るす	**부재, (자리를) 비움** 家(いえ)を留守(るす)にする。 집을 비우다.
留守番	るすばん	**집 지키기, 집 보기** 留守番(るすばん)を頼(たの)む。 집을 봐달라고 부탁하다.
零	れい	**영, 0(숫자)** テストで零点(れいてん)をとる。 시험에서 영점을 받다.
例外	れいがい	**예외** 例外(れいがい)はない。 예외는 없다.
冷蔵庫	れいぞうこ	**냉장고** 冷蔵庫(れいぞうこ)に入(い)れる。 냉장고에 넣다.
冷凍	れいとう	**냉동** 魚(さかな)を冷凍(れいとう)する。 생선을 냉동하다.
冷房	れいぼう	**냉방** 部屋(へや)に冷房(れいぼう)を入(い)れる。 방에 냉방을 켜다.
列	れつ	**열, 줄** 列(れつ)に並(なら)ぶ。 줄을 서다.
連休	れんきゅう	**연휴** 連休(れんきゅう)を楽(たの)しむ。 연휴를 즐기다.
録音	ろくおん	**녹음** 会議(かいぎ)を録音(ろくおん)する。 회의를 녹음하다.
録画	ろくが	**녹화** 画面(がめん)を録画(ろくが)する。 화면을 녹화하다.

路面	ろめん	**노면** 路面(ろめん)が凍(こお)る。 노면이 얼다.
輪	わ	**원, 바퀴** 輪(わ)になって踊(おど)る。 원을 만들어 춤을 추다.
若者	わかもの	**젊은이, 젊은 사람** 若者(わかもの)の人気(にんき)を集(あつ)める。 젊은이의 인기를 끌다.
別れ	わかれ	**이별, 작별, 헤어짐** 別(わか)れのあいさつをする。 작별 인사를 하다.
和室	わしつ	**일본식 방(주로 다다미가 깔린 방)** 和室(わしつ)に座(すわ)る。 일본식 방에 앉다.
和食	わしょく	**일식, 일본 음식** 和食(わしょく)を食(た)べる。 일식을 먹다.
話題	わだい	**화제** 話題(わだい)になる。 화제가 되다.
渡り鳥	わたりどり	**철새** 渡(わた)り鳥(どり)が飛(と)ぶ。 철새가 날다.
詫び	わび	**사과, 사죄** お詫(わ)びを言(い)う。 사과를 하다.
笑い	わらい	**웃음** 笑(わら)いが止(と)まらない。 웃음이 멎지 않는다.
～割	わり	**～할(10%) 〈조수사〉** 3割(さんわり)の人(ひと)が賛成(さんせい)する。 30%의 사람이 찬성하다.
割合	わりあい	**비율** 割合(わりあい)を計算(けいさん)する。 비율을 계산하다.
割り算	わりざん	**나눗셈** 割(わ)り算(ざん)を教(おし)える。 나눗셈을 가르치다.

割引	わりびき	**할인, 에누리** 割引(わりびき)価格(かかく)で買(か)う。 할인된 가격으로 사다.

명사

접두어

各～	かく～	각～	▶ 各会社(かくかいしゃ) 각 회사　各大学(かくだいがく) 각 대학
全～	ぜん～	전～	▶ 全社員(ぜんしゃいん) 전 사원　全世界(ぜんせかい) 전 세계
長～	ちょう～	장～	▶ 長期間(ちょうきかん) 장기간　長時間(ちょうじかん) 장시간
無～	む～	무～	▶ 無意味(むいみ) 무의미　無関心(むかんしん) 무관심
両～	りょう～	양～	▶ 両手(りょうて) 양손　両方(りょうほう) 양쪽

접미어

～家	～か	～가(～하는 사람)	▶ 音楽家(おんがくか) 음악가　政治家(せいじか) 정치가
～行	～ぎょう	～행, ～줄	▶ 一行(いちぎょう) 첫째 줄　三行(さんぎょう) 셋째 줄
～産	～さん	～산	▶ アメリカ産(さん) 미국산　国産(こくさん) 국산
～式	～しき	～식(방식, 형식)	▶ 自動式(じどうしき) 자동식　日本式(にほんしき) 일본식
～車	～しゃ	～차	▶ 新車(しんしゃ) 신차　輸入車(ゆにゅうしゃ) 수입차
～建て	～だて	～층, ～층 건물	▶ 5階建て(ごかいだて) 5층, 5층 건물　2階建て(にかいだて) 2층, 2층 건물
～店	～てん	～점	▶ 飲食店(いんしょくてん) 음식점　本店(ほんてん) 본점
～年生	～ねんせい	～학년	▶ 3年生(さんねんせい) 3학년　何年生(なんねんせい) 몇 학년
～向き	～むき	～향, ～방향	▶ 東向き(ひがしむき) 동향　南向き(みなみむき) 남향
～行き	～ゆき	～행(목적지)	▶ アメリカ行き(ゆき) 미국행　東京行き(とうきょうゆき) 도쿄행
～料	～りょう	～료	▶ 使用料(しようりょう) 사용료　保険料(ほけんりょう) 보험료

愛する あいする

사랑하다

子供を心から愛する。 아이를 진심으로 사랑하다.

諦める あきらめる

단념하다

進学を諦める。 진학을 단념하다.

飽きる あきる

질리다

勉強に飽きる。 공부에 질리다.

空ける あける

비우다

部屋を空ける。 방을 비우다.

明ける あける

① 아침이 되다

夜が明ける。 날이 밝다.

② 기간이 끝나다

休みが明ける。 휴가가 끝나다.

憧れる あこがれる

동경하다

都会生活に憧れる。 도시 생활을 동경하다.

味わう あじわう

맛보다

失恋の苦しみを味わう。 실연의 괴로움을 맛보다.

預かる あずかる

맡다

友達の荷物を預かる。 친구의 짐을 맡다.

預ける あずける

맡기다

銀行に金を預ける。 은행에 돈을 맡기다.

与える あたえる

주다, 부여하다

チャンスを与える。 기회를 주다.

暖まる あたたまる

⊖ 温まる

따뜻해지다, 데워지다

日が昇って、空気が暖まる。

해가 떠서 공기가 따뜻해지다.

暖める あたためる
⊜ 温(あたた)める

따뜻하게 하다, 데우다

ストーブで部屋(へや)を暖(あたた)める。
난로로 방을 따뜻하게 하다.

当たる あたる

① 맞다, 부딪히다

ボールが顔(かお)に当(あ)たる。 공에 얼굴을 맞다.

② 적중하다

天気予報(てんきよほう)が当(あ)たる。 일기 예보가 적중하다.

扱う あつかう

다루다, 취급하다

本(ほん)は大切(たいせつ)に扱(あつか)ってください。 책은 소중히 다뤄 주세요.

溢れる あふれる

흘러 넘치다

大雨(おおあめ)で川(かわ)の水(みず)が溢(あふ)れる。 폭우로 강물이 흘러 넘치다.

余る あまる

남다

余(あま)るほど料理(りょうり)を出(だ)す。 남을 정도로 요리를 내놓다.

編む あむ

짜다, 편집하다

セーターを編(あ)む。 스웨터를 짜다.

表す あらわす

(생각, 감정을) 나타내다, 표현하다

感謝(かんしゃ)の気持(きも)ちを表(あらわ)す。 감사의 마음을 표현하다.

現す あらわす

(모습, 현상을) 나타내다, 드러내다

主役(しゅやく)が舞台(ぶたい)に姿(すがた)を現(あらわ)した。
주인공이 무대에 모습을 드러냈다.

表れる あらわれる

(생각, 감정이) 나타나다

喜(よろこ)びが顔(かお)に表(あらわ)れる。 기쁨이 얼굴에 나타나다.

現れる あらわれる

(모습, 현상이) 나타나다

雨上(あめあ)がりの空(そら)に虹(にじ)が現(あらわ)れた。
비가 갠 하늘에 무지개가 나타났다.

合わせる あわせる

합치다, 맞추다

ネクタイをスーツの色(いろ)に合(あ)わせる。
넥타이를 양복 색에 맞추다.

慌てる	あわてる	**당황하다, 허둥대다** 地震があっても慌てないでください。 지진이 나도 당황하지 마세요.
言い出す	いいだす	**말을 꺼내다** 旅行に行きたいと言い出す。 여행을 가고 싶다고 말을 꺼내다.
痛む	いたむ	**아프다, 통증을 느끼다** 寒くなると腰が痛む。 추워지면 허리가 아프다.
炒める	いためる	**볶다** 野菜を炒める。 채소를 볶다.
嫌がる	いやがる	**싫어하다** 薬を飲むのを嫌がる。 약을 먹는 것을 싫어하다.
植える	うえる	**심다** 木を植える。 나무를 심다.
浮かべる	うかべる	**① (물이나 공기 중에) 띄우다** 船を海に浮かべる。 배를 바다에 띄우다. **② (모습, 표정을) 나타내다, 띠다** 不満そうな表情を浮かべる。 불만스런 표정을 띠다.
受かる	うかる	**합격하다, 붙다** 試験に受かる。 시험에 합격하다.
浮く	うく	**뜨다** 氷は水に浮く。 얼음은 물에 뜬다.
受け入れる	うけいれる	**받아들이다, 수용하다** 相手の提案を受け入れる。 상대방의 제안을 받아들이다.
受け取る	うけとる	**받다, 수취하다** 手紙を受け取る。 편지를 받다.

動かす うごかす

움직이다

体(からだ)を動(うご)かす。 몸을 움직이다.

疑う うたがう

의심하다

偽物(にせもの)ではないかと疑(うたが)う。 가짜가 아닐까 의심하다.

打つ うつ

치다, 때리다

キーボードを打(う)つ。 키보드를 치다.

映す うつす

① 비추다

鏡(かがみ)に顔(かお)を映(うつ)す。 거울에 얼굴을 비추다.

② 상영하다

映画(えいが)を映(うつ)す。 영화를 상영하다.

移す うつす

옮기다, 이동시키다

料理(りょうり)を皿(さら)に移(うつ)す。 요리를 접시에 옮기다.

写る うつる

(사진이) 찍히다

この写真(しゃしん)はよく写(うつ)っている。 이 사진은 잘 찍혔다.

映る うつる

① 비치다

山(やま)が水面(すいめん)に映(うつ)る。 산이 수면에 비치다.

② 상영되다, (화면에) 나오다

テレビがよく映(うつ)らない。 텔레비전이 잘 나오지 않는다.

移る うつる

옮기다, 이동하다

転勤(てんきん)で東京(とうきょう)から大阪(おおさか)に移(うつ)る。

전근으로 도쿄에서 오사카로 옮기다.

奪う うばう

빼앗다

自由(じゆう)を奪(うば)う。 자유를 빼앗다.

埋まる うまる

묻히다, 메워지다

町(まち)が雪(ゆき)に埋(う)まる。 마을이 눈에 묻히다.

産む うむ

낳다, 출산하다

女(おんな)の子(こ)を産(う)む。 여자아이를 낳다.

埋める	うめる	**묻다, 메우다** 穴(あな)を埋(う)める。 구멍을 메우다.
売り切れる	うりきれる	**다 팔리다, 매진되다** その商品(しょうひん)は売(う)り切(き)れた。 그 상품은 매진되었다.
売れる	うれる	**팔리다, 인기가 있다** この商品(しょうひん)はよく売(う)れる。 이 상품은 잘 팔린다.
得る ＝うる	える	**얻다, 획득하다** 利益(りえき)を得(え)る。 이익을 얻다.
追い越す ＝追(お)い抜(ぬ)く	おいこす	**추월하다** 前(まえ)の車(くるま)を追(お)い越(こ)す。 앞차를 추월하다.
追い付く	おいつく	**따라잡다, 따라가다** 同点(どうてん)に追(お)い付(つ)く。 동점으로 따라잡다.
追い抜く ＝追(お)い越(こ)す	おいぬく	**추월하다** ゴール間際(まぎわ)で追(お)い抜(ぬ)く。 결승선 직전에서 추월하다.
追う	おう	**좇다, 따르다** 流行(りゅうこう)を追(お)う。 유행을 따르다.
終える	おえる	**끝내다** 午前中(ごぜんちゅう)に仕事(しごと)を終(お)える。 오전 중에 일을 끝내다.
遅れる	おくれる	**늦다, 늦어지다** 電車(でんしゃ)が遅(おく)れる。 전철이 늦어지다.
行う	おこなう	**행하다, 실시하다** 秋(あき)の運動会(うんどうかい)を行(おこな)う。 가을 운동회를 실시하다.
起こる	おこる	**일어나다, 발생하다** 事故(じこ)が起(お)こる。 사고가 일어나다.
おごる		**한턱내다, 대접하다** 後輩(こうはい)に昼食(ちゅうしょく)をおごる。 후배에게 점심을 한턱내다.

教わる	おそわる	**배우다** 山田先生に英語を教わる。 야마다 선생님에게 영어를 배우다.
落ち着く	おちつく	**침착하다, 진정하다** 落ち着いて行動する。 침착하게 행동하다.
驚かす	おどろかす	**놀라게 하다** 大声を出して友達を驚かす。 큰 소리를 내어 친구를 놀라게 하다.
驚く	おどろく	**놀라다** 大きな音に驚く。 큰 소리에 놀라다.
覚える	おぼえる	**기억하다, 외우다** 名前を覚える。 이름을 외우다.
おぼれる		**물에 빠지다, 익사하다** おぼれている子を助ける。 물에 빠진 아이를 구조하다.
お目にかかる	おめにかかる	**만나뵙다(会う의 겸손)** お目にかかれてうれしいです。 만나뵙게 되어 기쁩니다.
思い込む	おもいこむ	**굳게 믿다, 그렇게 생각해 버리다** 自分が正しいと思い込んでいる。 자신이 옳다고 믿고 있다.
思いつく	おもいつく	**떠올리다, 생각해 내다, 기억해 내다** いい考えを思いつく。 좋은 생각을 떠올리다.
下りる	おりる	**내려오다, 내려가다** 山を下りる。 산을 내려가다.
折る	おる	**접다, 꺾다** 木の枝を折る。 나뭇가지를 꺾다.
折れる	おれる	**접히다, 꺾어지다, 꺾이다** 木が折れる。 나무가 꺾이다.

降ろす	おろす	**내리다**	荷物(にもつ)を降(お)ろす。 짐을 내리다.
返る	かえる	**뒤집히다, (원상태로) 돌아오다**	忘(わす)れ物(もの)が返(かえ)る。 분실물이 돌아오다.
替える	かえる	**바꾸다, 교체하다**	投手(とうしゅ)を替(か)える。 투수를 교체하다.
換える	かえる	**바꾸다, 교환하다, 맞바꾸다**	古本(ふるほん)を金(かね)に換(か)える。 헌책을 돈으로 바꾸다.
輝く	かがやく	**빛나다**	夜空(よぞら)に星(ほし)が輝(かがや)く。 밤하늘에 별이 빛나다.
かかる		**걸리다**	この病気(びょうき)にかかると高(たか)い熱(ねつ)が出(で)る。 이 병에 걸리면 높은 열이 난다.
書き直す	かきなおす	**고쳐 쓰다, 다시 쓰다**	レポートを書(か)き直(なお)す。 보고서를 다시 쓰다.
かき混ぜる	かきまぜる	**뒤섞다, 휘젓다**	コーヒーに砂糖(さとう)を入(い)れてかき混(ま)ぜる。 커피에 설탕을 넣고 휘젓다.
描く	かく	**(그림을) 그리다**	絵(え)を描(か)く。 그림을 그리다.
隠す	かくす	**숨기다**	本心(ほんしん)を隠(かく)す。 본심을 숨기다.
隠れる	かくれる	**숨다**	ドアの後(うし)ろに隠(かく)れる。 문 뒤로 숨다.
駆ける	かける	**뛰다, 달리다**	子(こ)どもたちが駆(か)けてきた。 아이들이 뛰어 왔다.

동사

囲む かこむ

둘러싸다, 에워싸다

テーブルを囲(かこ)んで食事(しょくじ)をする。

테이블을 둘러싸고 식사를 하다.

重なる かさなる

거듭되다, 겹치다, 쌓이다

寝不足(ねぶそく)による疲(つか)れが重(かさ)なる。

수면 부족에 의한 피로가 쌓이다.

重ねる かさねる

겹치다, 포개다, 되풀이 하다

皿(さら)を重(かさ)ねる。 접시를 포개다.

稼ぐ かせぐ

(돈을) 벌다

仕事(しごと)をしてお金(かね)を稼(かせ)ぐ。 일을 해서 돈을 벌다.

数える かぞえる

(수를) 세다

参加者(さんかしゃ)の数(かず)を数(かぞ)える。 참가자 수를 세다.

片づく かたづく

정리되다, 정돈되다

机(つくえ)の上(うえ)が片(かた)づいた。 책상 위가 정리되었다.

勝つ かつ

이기다, 승리하다

試合(しあい)に勝(か)つ。 시합에 이기다.

悲しむ かなしむ

슬퍼하다

別(わか)れを悲(かな)しむ。 이별을 슬퍼하다.

構う かまう

신경 쓰다, 상관하다, 상대하다, 돌보다

人(ひと)の話(はなし)に構(かま)っている暇(ひま)がない。

남의 얘기에 신경 쓸 틈이 없다.

枯れる かれる

시들다

花(はな)が枯(か)れてしまった。 꽃이 시들어 버렸다.

乾かす かわかす

말리다, 건조시키다

洗濯物(せんたくもの)を乾(かわ)かす。 빨래를 말리다.

渇く かわく

(목이) 마르다, 갈증이 나다

のどが渇(かわ)く。 목이 마르다.

感じる	かんじる	**느끼다** 寒(さむ)さを感(かん)じる。 추위를 느끼다.
気がする	きがする	**생각이 들다, 느낌이 들다** 雨(あま)が降(ふ)りそうな気(き)がする。 비가 내릴 것 같은 느낌이 든다.
聞き直す	ききなおす	**다시 묻다** 会議(かいぎ)の場所(ばしょ)を聞(き)き直(なお)す。 회의 장소를 다시 묻다.
効く	きく	**효과가 있다, (약이) 듣다** 薬(くすり)が効(き)く。 약이 듣다.
刻む	きざむ	**잘게 썰다** キャベツを刻(きざ)む。 양배추를 잘게 썰다.
気づく	きづく	**깨닫다, 알아차리다** 間違(まちが)いに気(き)づく。 실수를 알아차리다.
気に入る	きにいる	**마음에 들다** この服(ふく)は気(き)に入(い)らない。 이 옷은 마음에 들지 않는다.
気にする	きにする	**신경 쓰다** 体重(たいじゅう)を気(き)にする。 몸무게를 신경 쓰다.
気になる	きになる	**신경이 쓰이다** 試験(しけん)の結果(けっか)が気(き)になる。 시험 결과가 신경이 쓰이다.
気を付ける	きをつける	**조심하다, 주의하다** 言葉(ことば)に気(き)を付(つ)ける。 말을 조심하다.
区切る	くぎる	**구분하다, 단락을 짓다** 部屋(へや)をカーテンで区切(くぎ)る。 방을 커튼으로 구분하다.
腐る	くさる	**썩다, 상하다** 魚(さかな)が腐(くさ)る。 생선이 썩다.
くたびれる		**매우 지치다, 녹초가 되다** 歩(ある)きつづけてくたびれる。 계속 걸어서 녹초가 되다.

下る	くだる	**내려가다** 坂(さか)を下(くだ)る。 비탈길을 내려가다.
配る	くばる	**나눠주다** 新聞(しんぶん)を配(くば)る。 신문을 나눠주다.
首になる	くびになる	**해고되다** 会社(かいしゃ)を首(くび)になる。 회사에서 해고되다.
組む	くむ	**끼다, 꼬다, 짜다** 足(あし)を組(く)んで座(すわ)る。 다리를 꼬고 앉다.
暮らす	くらす	**살다, 생활하다** 一人(ひとり)で暮(く)らす。 혼자서 살다.
比べる	くらべる	**비교하다** 二人(ふたり)の背(せ)の高(たか)さを比(くら)べる。 두 사람의 키를 비교하다.
くり返す	くりかえす	**반복하다** 同(おな)じ質問(しつもん)をくり返(かえ)す。 같은 질문을 반복하다.
苦しむ	くるしむ	**괴로워하다** 借金(しゃっきん)で苦(くる)しむ。 빚 때문에 괴로워하다.
加える	くわえる	**더하다, 첨가하다, 추가하다** スープに塩(しお)を加(くわ)える。 수프에 소금을 첨가하다.
加わる	くわわる	**더해지다, 첨가되다, 추가되다** メンバーが新(あたら)しく加(くわ)わる。 멤버가 새롭게 추가되다.
消す	けす	**① 지우다** 黒板(こくばん)の字(じ)を消(け)す。 칠판의 글씨를 지우다. **② 끄다** テレビを消(け)す。 텔레비전을 끄다.
蹴る	ける	**(발로) 차다** ボールを蹴(け)る。 공을 차다.

断る	ことわる	**거절하다** 会議(かいぎ)への出席(しゅっせき)を断(ことわ)る。 회의 출석을 거절하다.
好む	このむ	**좋아하다, 선호하다, 즐기다** クラシックを好(この)んで聞(き)く。 클래식을 즐겨 듣다.
こぼす		**흘리다, 엎지르다** コーヒーをこぼす。 커피를 엎지르다.
こぼれる		**흘러넘치다, 엎질러지다** コップの水(みず)がこぼれる。 컵의 물이 흘러넘치다.
困る	こまる	**곤란하다, 어려움을 겪다** 金(かね)に困(こま)る。 돈에 어려움을 겪다.
転がす	ころがす	**굴리다** ボールを転(ころ)がす。 공을 굴리다.
転がる	ころがる	**구르다, 굴러가다** 石(いし)が転(ころ)がる。 돌이 굴러가다.
殺す	ころす	**죽이다** 虫(むし)を殺(ころ)す。 벌레를 죽이다.
転ぶ	ころぶ	**구르다, 넘어지다** 階段(かいだん)で転(ころ)ぶ。 계단에서 넘어지다.
叫ぶ	さけぶ	**외치다, 소리 지르다** 大声(おおごえ)で叫(さけ)ぶ。 큰 소리로 외치다.
避ける	さける	**피하다** 人目(ひとめ)を避(さ)ける。 남의 눈을 피하다.
誘う	さそう	**권유하다, 유혹하다** 食事(しょくじ)に誘(さそ)う。 식사하자고 권유하다.
サボる		**게을리하다** 仕事(しごと)をサボる。 일을 게을리하다.

覚ます	さます	**(잠을) 깨다, 깨우다** ベルの音(おと)で目(め)を覚(さ)ます。 벨소리에 잠을 깨다.
冷ます	さます	**식히다** お湯(ゆ)を冷(さ)ます。 뜨거운 물을 식히다.
覚める	さめる	**(잠이) 깨다, 제정신이 들다** 眠気(ねむけ)が覚(さ)める。 졸음이 깨다.
冷める	さめる	**식다, 차가워 지다** ご飯(はん)が冷(さ)める。 밥이 식다.
去る	さる	**떠나다** 故郷(こきょう)を去(さ)る。 고향을 떠나다.
仕上がる	しあがる	**완성되다, 마무리되다** 作品(さくひん)が仕上(しあ)がる。 작품이 완성되다.
仕上げる	しあげる	**완성하다, 마무리하다** レポートを仕上(しあ)げる。 보고서를 마무리하다.
沈む	しずむ	**가라앉다, (해・달이) 지다** 夕日(ゆうひ)が沈(しず)む。 석양이 지다.
従う	したがう	**따르다, 좇다** 命令(めいれい)に従(したが)う。 명령에 따르다.
支払う	しはらう	**지불하다** 電気代(でんきだい)を支払(しはら)う。 전기 요금을 지불하다.
縛る	しばる	**묶다, 매다** 新聞紙(しんぶんし)をひもで縛(しば)る。 신문지를 끈으로 묶다.
しぼる		**(물기, 즙을) 짜다** オレンジをしぼってジュースを作(つく)る。 오렌지를 짜서 주스를 만들다.

しまう

① 끝내다, 마치다

仕事(しごと)をしまう。 업무를 끝내다.

② 치우다, 정리하다

本(ほん)をしまう。 책을 치우다.

示す しめす

① 나타내다, 내보이다

関心(かんしん)を示(しめ)す。 관심을 나타내다.

② 가리키다

駅(えき)の方向(ほうこう)を指(ゆび)で示(しめ)す。
역으로 가는 방향을 손가락으로 가리키다.

しゃがむ

쪼그리고 앉다, 웅크리다

道(みち)にしゃがんで話(はな)す。 길에 쪼그리고 앉아 이야기하다.

しゃべる

말하다

秘密(ひみつ)をうっかりしゃべってしまう。
비밀을 무심코 말해 버리다.

知り合う しりあう

서로 알다, 아는 사이가 되다

木村(きむら)さんとは旅行先(りょこうさき)で知(し)り合(あ)った。
기무라 씨와는 여행지에서 알게 되었다.

信じる しんじる

믿다

彼(かれ)の話(はなし)は本当(ほんとう)だと信(しん)じている。
그의 이야기는 사실이라고 믿고 있다.

吸う すう

들이마시다, 빨아들이다

たばこを吸(す)う。 담배를 피우다.

過ごす すごす

(시간을) 보내다, 살아가다, 지내다

休日(きゅうじつ)は家族(かぞく)と過(す)ごす。 휴일은 가족과 보낸다.

勧める すすめる

추천하다, 권하다

入会(にゅうかい)を勧(すす)める。 입회를 권하다.

進める すすめる

진행시키다, 추진하다

工事(こうじ)を進(すす)める。 공사를 진행시키다.

済ませる	すませる	**끝마치다, 끝내다, 마치다** 食事(しょくじ)を済(す)ませる。 식사를 마치다.
捨てる	すてる	**버리다** 要(い)らないものを捨(す)てる。 필요 없는 물건을 버리다.
済む	すむ	**끝나다, 완료되다** 試験(しけん)が済(す)む。 시험이 끝나다.
注ぐ	そそぐ	**(액체를) 붓다, 따르다** 水(みず)を注(そそ)ぐ。 물을 붓다.
育つ	そだつ	**자라다, 성장하다** 立派(りっぱ)な青年(せいねん)に育(そだ)つ。 훌륭한 청년으로 자라다.
育てる	そだてる	**기르다, 키우다, 양육하다** 子供(こども)を育(そだ)てる。 아이를 기르다.
揃う	そろう	**갖추어지다, 모이다** データが揃(そろ)う。 데이터가 갖추어지다.
揃える	そろえる	**갖추다, 모으다** 非常食(ひじょうしょく)を揃(そろ)えて置(お)く。 비상식량을 갖추어 두다.
存じる	ぞんじる	**① 알다(知るの 겸손)** お名前(なまえ)は存(ぞん)じております。 이름은 알고 있습니다. **② 생각하다(思うの 겸손)** こちらの方(ほう)がよいと存(ぞん)じます。 이쪽이 좋다고 생각합니다.
倒す	たおす	**넘어뜨리다, 쓰러뜨리다** 木(き)を倒(たお)す。 나무를 넘어뜨리다.
高まる	たかまる	**높아지다, 고조되다** 人気(にんき)が高(たか)まる。 인기가 높아지다.
高める	たかめる	**높이다** 競争力(きょうそうりょく)を高(たか)める。 경쟁력을 높이다.

抱く	だく	**안다, 포옹하다** 赤(あか)ちゃんを抱(だ)く。 아기를 안다.
確かめる	たしかめる	**확인하다** 電話番号(でんわばんごう)を確(たし)かめる。 전화번호를 확인하다.
助かる	たすかる	**구조되다, 도움 받다, 도움이 되다** 家事(かじ)を手伝(てつだ)ってくれるので助(たす)かる。 집안일을 도와주기 때문에 도움이 된다.
助ける	たすける	**구하다, 구조하다, 돕다** 命(いのち)を助(たす)ける。 생명을 구하다.
戦う	たたかう	**싸우다, 겨루다, 경쟁하다** 去年(きょねん)の優勝(ゆうしょう)チームと戦(たたか)うことになった。 작년 우승팀과 겨루게 되었다.
叩く	たたく	**두드리다, 치다** ドアを叩(たた)く。 문을 두드리다.
畳む	たたむ	**개다, 접다** 布団(ふとん)を畳(たた)む。 이불을 개다.
立ち上がる	たちあがる	**일어서다, 일어나다** 椅子(いす)から立(た)ち上(あ)がる。 의자에서 일어나다.
立ち止まる	たちどまる	**멈춰서다** 呼(よ)ばれて立(た)ち止(ど)まる。 부르는 소리에 멈춰서다.
経つ	たつ	**지나다, 경과하다** 時間(じかん)が経(た)つ。 시간이 지나다.
だます		**속이다** 人(ひと)をだます。 사람을 속이다.
たまる		**쌓이다** ストレスがたまる。 스트레스가 쌓이다.

黙る だまる
침묵하다, 잠자코 있다
黙(だま)って人(ひと)の話(はなし)を聞(き)く。 잠자코 다른 사람의 이야기를 듣다.

貯める ためる
모으다
お金(かね)を貯(た)める。 돈을 모으다.

違う ちがう
다르다
みんなの考(かんが)えが違(ちが)う。 모두의 생각이 다르다.

近付く ちかづく
가까워지다, 다가오다, 접근하다
入学式(にゅうがくしき)が近付(ちかづ)く。 입학식이 가까워지다.

近付ける ちかづける
가까이 하다, 접근시키다
本(ほん)に目(め)を近付(ちかづ)ける。 책에 눈을 가까이 하다.

散らかす ちらかす
어지르다, 흩어 놓다, 흐트러뜨리다
部屋(へや)を散(ち)らかす。 방을 어지르다.

散らかる ちらかる
어질러지다, 흩어지다
テーブルの上(うえ)が散(ち)らかっている。
탁자 위가 어질러져 있다.

散る ちる
(꽃이) 지다, 흩어지다
花(はな)が散(ち)る。 꽃이 지다.

通じる つうじる
㊂ つうずる
통하다
気持(きも)ちが通(つう)じる。 마음이 통하다.

捕まる つかまる
잡히다, 붙잡히다
泥棒(どろぼう)が捕(つか)まる。 도둑이 잡히다.

つかむ
잡다, 움켜 쥐다
腕(うで)をつかむ。 팔을 잡다.

付き合う つきあう
① 교제하다, 사귀다
長年(ながねん)付(つ)き合(あ)う。 오랫동안 교제하다.
② 함께 행동하다
食事(しょくじ)に付(つ)き合(あ)う。 함께 식사하다.

伝わる つたわる
전해지다, 전달되다
ニュースが世界中に伝わる。
뉴스가 전 세계에 전해지다.

包む つつむ
싸다, 포장하다
プレゼントを包む。 선물을 포장하다.

勤める つとめる
근무하다
銀行に勤めている。 은행에 근무하고 있다.

つぶす
찌그러뜨리다, 부수다, 망가뜨리다
空き缶をつぶす。 빈 깡통을 찌그러뜨리다.

つぶれる
찌부러지다, 부서지다
地震で家がつぶれる。 지진으로 집이 부서지다.

積む つむ
쌓다, 모으다
車に荷物を積む。 차에 짐을 쌓다.

詰める つめる
(가득) 채우다, 채워 넣다
箱に服を詰める。 상자에 옷을 가득 채우다.

積もる つもる
쌓이다
雪が積もる。 눈이 쌓이다.

強まる つよまる
강해지다, 세지다
非難が強まる。 비난이 세지다.

強める つよめる
강화하다, 세게 하다
暖房を強める。 난방을 세게 하다.

連れる つれる
데리고 가다(오다), 동반하다
犬を連れて散歩する。 개를 데리고 산책하다.

出会う であう
(우연히) 만나다, 마주치다
友達にばったり出会う。 친구를 우연히 딱 마주치다.

出来上がる できあがる
완성되다
家が出来上がる。 집이 완성되다.

出迎える でむかえる
마중 나가다
駅(えき)まで出迎(でむか)える。 역까지 마중 나가다.

問い合わせる といあわせる
문의하다, 조회하다
電話(でんわ)で会議(かいぎ)の日程(にってい)を問(と)い合(あ)わせる。
전화로 회의 일정을 문의하다.

通り過ぎる とおりすぎる
지나가다
学校(がっこう)の前(まえ)を通(とお)り過(す)ぎる。 학교 앞을 지나가다.

溶かす とかす
⊜ 溶(と)く
녹이다, 개다, 풀다
砂糖(さとう)を水(みず)に溶(と)かす。 설탕을 물에 녹이다.

溶く とく
⊜ 溶(と)かす
풀다, 물에 타다, 개다
小麦粉(こむぎこ)を水(みず)で溶(と)く。 밀가루를 물에 풀다.

溶ける とける
녹다
雪(ゆき)が溶(と)ける。 눈이 녹다.

閉じる とじる
닫다, 감다, 덮다
目(め)を閉(と)じて考(かんが)える。 눈을 감고 생각하다.

届く とどく
도달하다, 도착하다
荷物(にもつ)が届(とど)く。 짐이 도착하다.

届ける とどける
① 전달하다
部長(ぶちょう)に報告書(ほうこくしょ)を届(とど)ける。
부장님에게 보고서를 전달하다.

② 신고하다
財布(さいふ)を拾(ひろ)って交番(こうばん)に届(とど)ける。
지갑을 주워 파출소에 신고하다.

どなる
고함치다, 호통치다, 야단치다
そんなにどならないでください。
그렇게 고함치지 마세요.

飛ばす とばす
날리다
風船(ふうせん)を空(そら)に飛(と)ばす。 풍선을 하늘로 날리다.

飛び込む とびこむ

뛰어들다, 몸을 던지다

プールに飛(と)び込(こ)む。 수영장으로 뛰어들다.

飛び出す とびだす

뛰쳐나오다, 뛰어나오다, 내달리다

子供(こども)が車道(しゃどう)へ飛(と)び出(だ)す。 아이가 차도로 뛰쳐나오다.

泊まる とまる

묵다, 숙박하다

友達(ともだち)の家(いえ)に泊(と)まる。 친구 집에 묵다.

泊める とめる

재우다, 묵게 하다, 숙박시키다

客(きゃく)を泊(と)める。 손님을 묵게 하다.

取り替える とりかえる

교체하다, 바꾸다

カーテンを取(と)り替(か)える。 커튼을 바꾸다.

取り消す とりけす

취소하다

予約(よやく)を取(と)り消(け)す。 예약을 취소하다.

取り出す とりだす

꺼내다

ポケットから財布(さいふ)を取(と)り出(だ)す。
주머니에서 지갑을 꺼내다.

取れる とれる

① 얻다, 구하다, 확보되다

切符(きっぷ)が取(と)れる。 표를 구하다.

② 떨어지다, 빠지다

コートのボタンが取(と)れる。 코트의 단추가 떨어지다.

直す なおす

고치다, 수리하다, 수정하다

壊(こわ)れたテレビを直(なお)す。 고장난 텔레비전을 수리하다.

治す なおす

고치다, 치료하다, 낫게 하다

風邪(かぜ)を治(なお)す。 감기를 치료하다.

直る なおる

고쳐지다, 수리되다, 수정되다

パソコンが早(はや)く直(なお)らないと困(こま)る。
컴퓨터가 빨리 수리되지 않으면 곤란하다.

治る	なおる	**낫다, 치료되다** けがが治(なお)る。 상처가 낫다.
流す	ながす	**흘리다** 涙(なみだ)を流(なが)す。 눈물을 흘리다.
泣く	なく	**울다** 大(おお)きな声(こえ)で泣(な)く。 큰 소리로 울다.
慰める	なぐさめる	**위로하다** 落(お)ち込(こ)んでいる友人(ゆうじん)を慰(なぐさ)める。 낙담하고 있는 친구를 위로하다.
亡くす	なくす	**잃다, 사별하다** 父(ちち)を事故(じこ)で亡(な)くす。 아버지를 사고로 잃다.
怠ける	なまける	**게으름 피우다, 게을리하다** 仕事(しごと)を怠(なま)ける。 일을 게을리하다.
なめる		**맛보다, 핥아 먹다** 砂糖(さとう)をなめる。 설탕을 핥아 먹다.
悩む	なやむ	**고민하다** 進学(しんがく)で悩(なや)む。 진학 때문에 고민하다.
鳴らす	ならす	**울리다** ベルを鳴(な)らす。 벨을 울리다.
似合う	にあう	**어울리다** この服(ふく)は私(わたし)に似合(にあ)わない。 이 옷은 나에게 어울리지 않는다.
握る	にぎる	**잡다, 쥐다** 手(て)を握(にぎ)ってあいさつをする。 손을 잡고 인사를 하다.
逃げる	にげる	**도망치다, 도망가다** 安全(あんぜん)なところへ逃(に)げる。 안전한 곳으로 도망치다.

煮る	にる	**삶다, 조리다** 豆(まめ)を煮(に)る。 콩을 삶다.
抜く	ぬく	**빼다, 뽑다** 空気(くうき)を抜(ぬ)く。 공기를 빼다.
抜ける	ぬける	**빠지다, 누락되다** 髪(かみ)の毛(け)が抜(ぬ)ける。 머리카락이 빠지다.
濡らす	ぬらす	**적시다** 雨(あめ)が葉(は)を濡(ぬ)らす。 비가 잎을 적시다.
願う	ねがう	**바라다, 희망하다** 成功(せいこう)を心(こころ)から願(ねが)う。 성공을 진심으로 바라다.
眠る	ねむる	**자다, 잠들다** 一日(いちにち)7時間(しちじかん)眠(ねむ)る。 하루 7시간 잔다.
残す	のこす	**남기다** 金(かね)を残(のこ)さず全部(ぜんぶ)使(つか)う。 돈을 남김없이 전부 쓰다.
乗せる	のせる	**태우다** 子供(こども)を車(くるま)の後(うし)ろに乗(の)せる。 아이를 차 뒤쪽에 태우다.
載せる	のせる	**싣다, 게재하다** 新聞(しんぶん)に記事(きじ)を載(の)せる。 신문에 기사를 싣다.
除く	のぞく	**제외하다, 제거하다** 不良品(ふりょうひん)を除(のぞ)く。 불량품을 제거하다.
伸ばす	のばす	**늘리다, 길게 기르다** 髪(かみ)を長(なが)く伸(の)ばす。 머리카락을 길게 기르다.
延ばす	のばす	**미루다, 연기하다, 연장하다** 会議(かいぎ)を1時間(いちじかん)延(の)ばす。 회의를 1시간 미루다.
伸びる	のびる	**늘다, 자라다, 성장하다** 背(せ)が10(じゅっ)センチも伸(の)びた。 키가 10센티나 자랐다.

동사

延びる	のびる	**미뤄지다, 연기되다, 연장되다** 締め切りが２日延びる。 마감이 이틀 연장되다.
上る	のぼる	**오르다** 坂道を上る。 비탈길을 오르다.
昇る	のぼる	**오르다, (해, 달이) 뜨다** 日が昇る。 해가 뜨다.
乗り遅れる	のりおくれる	**(교통수단을) 놓치다** 終電に乗り遅れる。 막차를 놓치다.
乗り越す	のりこす	**내릴 곳을 지나치다** 居眠りして乗り越す。 졸다가 내릴 곳을 지나치다.
乗り過ごす	のりすごす	**내릴 곳을 지나치다** うっかりして一駅乗り過ごす。 깜빡해서 한 정거장을 지나치다.
載る	のる	**실리다, 게재되다** 新聞に載る。 신문에 실리다.
生える	はえる	**나다, 자라다** 草が生える。 풀이 나다.
量る 計る 測る	はかる	**재다, 측정하다** 重さを量る。 무게를 재다. 時間を計る。 시간을 재다. 長さを測る。 길이를 재다.
掃く	はく	**쓸다, 비질하다** 庭を掃く。 마당을 쓸다.
外す	はずす	**떼어내다, 벗다, 제외하다** めがねを外す。 안경을 벗다.
外れる	はずれる	**빠지다, 떨어지다, 빗나가다, 제외되다** ボタンが外れる。 단추가 떨어지다.

話し合う	はなしあう	**서로 이야기하다, 의논하다** 話(はな)し合(あ)って決(き)める。 서로 이야기해서 결정하다.
話しかける	はなしかける	**말을 걸다** 知(し)らない人(ひと)に話(はな)しかける。 모르는 사람에게 말을 걸다.
離す	はなす	**떼어놓다, 거리를 두다** 木(き)を3(さん)メートル離(はな)して植(う)える。 나무를 3m 거리를 두고 심다.
払い戻す	はらいもどす	**환불하다, 되돌려주다** 税金(ぜいきん)を払(はら)い戻(もど)す。 세금을 되돌려주다.
払う	はらう	**지불하다** 代金(だいきん)をカードで払(はら)う。 대금을 카드로 지불하다.
貼る	はる	**붙이다, 접착하다** 封筒(ふうとう)に切手(きって)を貼(は)る。 봉투에 우표를 붙이다.
反する	はんする	**반대되다, 어긋나다** 予想(よそう)に反(はん)する。 예상에 어긋나다.
冷える	ひえる	**차가워지다, 식다** 冷(ひ)えたビールを飲(の)む。 차가워진 맥주를 마시다.
引き受ける	ひきうける	**맡다, 인수하다, 담당하다** 難(むずか)しい仕事(しごと)を引(ひ)き受(う)ける。 어려운 일을 맡다.
引き出す	ひきだす	**① 꺼내다** 封筒(ふうとう)から手紙(てがみ)を引(ひ)き出(だ)す。 봉투에서 편지를 꺼내다. **② 인출하다** 預金(よきん)を全部(ぜんぶ)引(ひ)き出(だ)す。 예금을 전부 인출하다.
冷やす	ひやす	**차게 하다, 식히다** 冷蔵庫(れいぞうこ)でビールを冷(ひ)やす。 냉장고에 넣어 맥주를 차게 하다.

拾う	ひろう	**줍다** 公園(こうえん)のごみを拾(ひろ)う。 공원의 쓰레기를 줍다.
広がる	ひろがる	**넓어지다, 퍼지다, 확산되다** コーヒーの香(かお)りが部屋中(へやじゅう)に広(ひろ)がる。 커피 향기가 온 방안에 퍼지다.
広げる	ひろげる	**넓히다, 펼치다** 新聞(しんぶん)を広(ひろ)げて読(よ)む。 신문을 펼쳐 읽는다.
深まる	ふかまる	**깊어지다** 理解(りかい)が深(ふか)まる。 이해가 깊어지다.
深める	ふかめる	**깊게 하다** 交流(こうりゅう)を深(ふか)める。 교류를 깊게 하다.
拭く	ふく	**닦다, 훔치다** タオルで体(からだ)を拭(ふ)く。 수건으로 몸을 닦다.
防ぐ	ふせぐ	**막다, 방지하다** 事故(じこ)を防(ふせ)ぐ。 사고를 방지하다.
ぶつける		**부딪치다** 壁(かべ)に頭(あたま)をぶつける。 벽에 머리를 부딪치다.
増やす	ふやす	**늘리다** 人数(にんずう)を増(ふ)やす。 인원수를 늘리다.
振り込む	ふりこむ	**송금하다, 이체하다** 代金(だいきん)を振(ふ)り込(こ)む。 대금을 이체하다.
振る	ふる	**흔들다** 軽(かる)く手(て)を振(ふ)る。 가볍게 손을 흔들다.
震える	ふるえる	**떨리다** 寒(さむ)さに体(からだ)が震(ふる)える。 추위에 몸이 떨리다.

触れる ふれる

① **닿다, 접하다**

外国(がいこく)の文化(ぶんか)に触(ふ)れる。 외국 문화를 접하다.

② **손대다, 손으로 만지다**

花(はな)に手(て)を触(ふ)れる。 꽃을 손으로 만지다.

減らす へらす

줄이다

体重(たいじゅう)を3(さん)キロ減(へ)らす。 체중을 3킬로그램 줄이다.

減る へる

줄다, 줄어들다

子供(こども)の数(かず)が減(へ)っている。 아이들 수가 줄어들고 있다.

吠える ほえる

짖다, 으르렁거리다

犬(いぬ)が吠(ほ)える。 개가 짖다.

干す ほす

말리다

布団(ふとん)を干(ほ)す。 이불을 말리다.

微笑む ほほえむ

미소 짓다

優(やさ)しく微笑(ほほえ)む。 상냥하게 미소 짓다.

任せる まかせる

맡기다

仕事(しごと)を部下(ぶか)に任(まか)せる。 일을 부하에게 맡기다.

巻く まく

말다, 감다

首(くび)にマフラーを巻(ま)く。 목에 머플러를 감다.

負ける まける

지다, 패배하다

試合(しあい)に負(ま)ける。 시합에 지다.

曲げる まげる

구부리다, 굽히다

腰(こし)を曲(ま)げてあいさつする。 허리를 굽혀 인사하다.

混ざる
交ざる まざる

섞이다

酒(さけ)に水(みず)が混(ま)ざる。 술에 물이 섞이다.

混じる まじる

섞이다

酒(さけ)に水(みず)が混(ま)じる。 술에 물이 섞이다.

混ぜる 交ぜる	まぜる	**섞다, 혼합하다** 紅茶にミルクを混ぜる。 홍차에 우유를 섞다.
待ち合わせる	まちあわせる	**약속하여 만나기로 하다** 友人と駅で待ち合わせる。 친구와 역에서 만나기로 하다.
間違う	まちがう	**잘못하다, 틀리다** 漢字が間違っている。 한자가 틀렸다.
まとまる		**정리되다, 한데 모이다** みんなの意見がまとまる。 모두의 의견이 한데 모이다.
まとめる		**정리하다, 종합하다** レポートをまとめる。 보고서를 정리하다.
学ぶ	まなぶ	**배우다** 大学で経済学を学ぶ。 대학에서 경제학을 배우다.
招く	まねく	**부르다, 초대하다** パーティーに友達を招く。 파티에 친구를 초대하다.
守る	まもる	**지키다** 約束を守る。 약속을 지키다.
迷う	まよう	**헤매다, 길을 잃다, 망설이다** 道に迷う。 길을 헤매다.
回す	まわす	**돌리다, 회전시키다** ハンドルを回す。 핸들을 돌리다.
見上げる	みあげる	**올려보다, 올려다보다** 空を見上げる。 하늘을 올려보다.
見送る	みおくる	**① 배웅하다** 空港まで先生を見送る。 공항까지 선생님을 배웅하다. **② 보류하다** 計画を見送る。 계획을 보류하다.

見下ろす	みおろす	**내려다보다** ビルの屋上(おくじょう)から町(まち)を見下(みお)ろす。 빌딩 옥상에서 마을을 내려다보다.
見直す	みなおす	**다시 살펴보다, 재검토하다** 計画(けいかく)を見直(みなお)す。 계획을 재검토하다.
身につける	みにつける	**터득하다, 익히다** フランス語(ご)を身(み)につける。 프랑스어를 익히다.
見舞う	みまう	**문병하다, 위문하다** 入院中(にゅういんちゅう)の友人(ゆうじん)を見舞(みま)う。 입원 중인 친구를 문병하다.
診る	みる	**(환자를) 보다, 진찰하다** 医者(いしゃ)に診(み)てもらう。 의사에게 진찰을 받다.
迎える	むかえる	**맞이하다** 駅(えき)で友人(ゆうじん)を迎(むか)える。 역에서 친구를 맞이하다.
剥く	むく	**벗기다, 까다** りんごの皮(かわ)を剥(む)く。 사과 껍질을 벗기다.
向く	むく	**향하다, 보다** 後(うし)ろを向(む)く。 뒤를 향하다.
蒸す	むす	**찌다** 蒸(む)した鶏肉(とりにく)を小(ち)さく切(き)る。 찐 닭고기를 작게 썰다.
結ぶ	むすぶ	**묶다, 매다** 靴(くつ)のひもを結(むす)ぶ。 신발 끈을 매다.
目立つ	めだつ	**눈에 띄다, 두드러지다** 背(せ)が高(たか)いので目立(めだ)つ。 키가 커서 눈에 띈다.
申し込む	もうしこむ	**신청하다** 参加(さんか)を申(もう)し込(こ)む。 참가를 신청하다.
燃える	もえる	**불타다** 火事(かじ)で家(いえ)が燃(も)える。 화재로 집이 불타다.

燃やす	もやす	**태우다** 落ち葉を集めて燃やす。 낙엽을 모아 태우다.
盛る	もる	**담다** 皿に料理を盛る。 접시에 요리를 담다.
焼く	やく	**굽다, 태우다** パンを焼く。 빵을 굽다.
役立つ	やくだつ	**도움이 되다, 쓸모 있다** この本はあまり役立たない。 이 책은 그다지 도움이 되지 않는다.
破る	やぶる	**찢다, 깨다** 手紙を破る。 편지를 찢다.
破れる	やぶれる	**찢어지다, 깨지다** カーテンが破れる。 커튼이 찢어지다.
辞める	やめる	**그만두다, 사직하다** 会社を辞める。 회사를 그만두다.
やり直す	やりなおす	**다시 하다** 計算をやり直す。 계산을 다시 하다.
ゆでる		**삶다** 卵をゆでる。 계란을 삶다.
許す	ゆるす	**① 허락하다** 留学を許す。 유학을 허락하다. **② 용서하다** 部下の失敗を許す。 부하의 실수를 용서하다.
酔う	よう	**취하다, 멀미하다** 酒に酔う。 술에 취하다.
横切る	よこぎる	**횡단하다, 가로지르다** 道を横切る。 길을 횡단하다.

よこす

(이쪽으로) 건네다, 넘겨주다

妹が私に手紙をよこした。

여동생이 나에게 편지를 건넸다.

汚す よごす

더럽히다, 오염시키다

服を汚す。 옷을 더럽히다.

汚れる よごれる

더러워지다

汚れた手を洗う。 더러워진 손을 씻다.

酔っ払う よっぱらう

만취하다

酔っ払ってけんかをする。 만취하여 싸움을 하다.

呼びかける よびかける

호소하다

住民に協力を呼びかける。 주민에게 협력을 호소하다.

呼び出す よびだす

불러내다, 호출하다

電話で呼び出す。 전화로 불러내다.

弱まる よわまる

약해지다

風が弱まる。 바람이 약해지다.

弱める よわめる

약화시키다

ガスの火を弱める。 가스 불을 약하게 하다.

別れる わかれる

헤어지다, 작별하다, 이별하다

駅で友達と別れて家に帰る。

역에서 친구와 헤어져 집으로 돌아오다.

分かれる わかれる

나뉘다, 분리되다, 갈라지다

道が２つに分かれる。 길이 두 개로 갈라지다.

分ける わける

나누다, 분류하다

３回に分けて支払う。 3회로 나누어 지불하다.

割る わる

쪼개다, 깨뜨리다

ガラスを割る。 유리를 깨뜨리다.

割れる	われる	**갈라지다, 깨지다** 皿(さら)が割(わ)れる。 접시가 깨지다.

青白い あおじろい

창백하다

青白い顔をしている。 창백한 얼굴을 하고 있다.

浅い あさい

↔ 深い 깊다

얕다

この川は浅い。 이 강은 얕다.

厚い あつい

↔ 薄い 얇다

두껍다

厚いコートを着る。 두꺼운 코트를 입다.

怪しい あやしい

수상하다

怪しい男を発見する。 수상한 남자를 발견하다.

ありがたい

고맙다

経験者の助言はありがたい。 경험자의 조언은 고맙다.

勇ましい いさましい

용맹스럽다, 씩씩하다

勇ましく行進する。 씩씩하게 행진하다.

薄暗い うすぐらい

어둑하다, 조금 어둡다

森の中は昼でも薄暗い。 숲 속은 낮이어도 어둑하다.

うらやましい

부럽다

あなたの成功がうらやましい。
당신의 성공이 부럽다.

おかしい

① 이상하다, 평소와 같지 않다

おなかの調子がおかしい。 속이 좋지 않다.

② 재미있다, 우습다

この漫画は本当におかしい。
이 만화는 정말로 재미있다.

幼い おさない

어리다, 유치하다

私の子供はまだ幼い。 우리 아이는 아직 어리다.

惜しい おしい

＝ もったいない

아깝다

時間が惜しい。 시간이 아깝다.

遅い おそい

➖ 速(はや)い (속도) 빠르다
➖ 早(はや)い (시간) 이르다

늦다, 느리다

食(た)べるのが遅(おそ)い。 먹는 것이 느리다.

もう遅(おそ)いから寝(ね)よう。 이제 늦었으니 자야겠다.

恐ろしい おそろしい

＝ 怖(こわ)い

무섭다, 두렵다

恐(おそ)ろしくて声(こえ)も出(で)ない。
무서워서 목소리도 나오지 않는다.

重たい おもたい

무겁다, 묵직하다

荷物(にもつ)が重(おも)たい。 짐이 무겁다.

賢い かしこい

＝ 利口(りこう)な 영리한

영리하다

犬(いぬ)は賢(かしこ)い動物(どうぶつ)だ。 개는 영리한 동물이다.

がまん強い がまんづよい

인내심이 강하다

がまん強(づよ)く機会(きかい)を待(ま)つ。 인내심 강하게 기회를 기다리다.

かゆい

가렵다

背中(せなか)がかゆい。 등이 가렵다.

辛い からい

맵다

私(わたし)は辛(から)い食(た)べ物(もの)が好(す)きだ。 나는 매운 음식을 좋아한다.

かわいらしい

사랑스럽다

彼(かれ)の猫(ねこ)はとてもかわいらしい。
그의 고양이는 매우 사랑스럽다.

汚い きたない

➖ きれいな 깨끗한

더럽다, 지저분하다

部屋(へや)が汚(きたな)い。 방이 지저분하다.

きつい

① 꼭 끼다

このスカートはきつい。 이 치마는 꼭 낀다.

② 힘들다, 괴롭다

早起(はやお)きはきつい。 일찍 일어나는 것은 힘들다.

臭い くさい

(역겨운) 냄새가 나다, 구리다

臭(くさ)いにおいがする。 역겨운 냄새가 난다.

くだらない		**시시하다, 하찮다** くだらない本(ほん)を読(よ)んでいる。 시시한 책을 읽고 있다.
悔しい	くやしい	**분하다, 억울하다** 試合(しあい)に負(ま)けて悔(くや)しい。 시합에 져서 분하다.
苦しい	くるしい	**괴롭다, 답답하다** 息(いき)が苦(くる)しい。 숨이 답답하다.
詳しい = 細(こま)かい	くわしい	**자세하다, 상세하다** 詳(くわ)しく説明(せつめい)する。 자세하게 설명하다.
険しい	けわしい	**험하다** 険(けわ)しい山道(やまみち)を歩(ある)く。 험한 산길을 걷다.
濃い	こい	**진하다** 濃(こ)いお茶(ちゃ)を飲(の)む。 진한 차를 마시다.
恋しい	こいしい	**그립다** 故郷(こきょう)が恋(こい)しい。 고향이 그립다.
細かい = 詳(くわ)しい	こまかい	**① 작다** 細(こま)かい字(じ)で書(か)く。 작은 글씨로 쓰다. **② 자세하다, 상세하다** 細(こま)かく説明(せつめい)する。 자세하게 설명하다.
怖い = 恐(おそ)ろしい	こわい	**무섭다, 두렵다** 地震(じしん)が怖(こわ)い。 지진이 무섭다.
塩辛い	しおからい	**짜다** 海(うみ)の水(みず)は塩辛(しおから)い。 바닷물은 짜다.
親しい	したしい	**친하다, 가깝다** 彼(かれ)は田中(たなか)さんと親(した)しい。 그는 다나카 씨와 친하다.
しつこい		**집요하다, 끈질기다** しつこく注意(ちゅうい)する。 끈질기게 주의를 주다.

ずうずうしい		**뻔뻔스럽다**	彼(かれ)は常識(じょうしき)のない、ずうずうしい人(ひと)だ。 그는 상식이 없는, 뻔뻔스러운 사람이다.
鋭い	するどい	**날카롭다**	鋭(するど)い質問(しつもん)をする。 날카로운 질문을 하다.
そそっかしい		**경솔하다, 덜렁거리다**	そそっかしくて忘(わす)れ物(もの)が多(おお)い。 덜렁거려서 물건을 자주 잃어버린다.
頼もしい	たのもしい	**믿음직하다, 듬직하다**	頼(たの)もしい青年(せいねん)に成長(せいちょう)する。 믿음직한 청년으로 성장하다.
だるい		**나른하다**	風邪(かぜ)で体(からだ)がだるい。 감기 때문에 몸이 나른하다.
茶色い	ちゃいろい	**갈색이다**	茶色(ちゃいろ)い帽子(ぼうし)をかぶる。 갈색 모자를 쓰다.
とんでもない		**뜻밖이다, 터무니없다, 어처구니없다**	とんでもない要求(ようきゅう)をする。 터무니없는 요구를 하다.
懐かしい	なつかしい	**그립다**	子供(こども)の頃(ころ)が懐(なつ)かしい。 어릴 적이 그립다.
憎い	にくい	**밉다**	犯人(はんにん)が憎(にく)い。 범인이 밉다.
激しい	はげしい	**격렬하다**	激(はげ)しく戦(たたか)う。 격렬하게 싸우다.
深い ↔ 浅(あさ)い 얕다	ふかい	**깊다**	深(ふか)く考(かんが)える。 깊이 생각하다.
細長い	ほそながい	**가늘고 길다, 갸름하다**	細長(ほそなが)い顔(かお)をしている。 갸름한 얼굴을 하고 있다.

貧しい	まずしい	**궁핍하다, 가난하다** 暮(く)らしが貧(まず)しい。 생활이 궁핍하다.
眩しい	まぶしい	**눈부시다** 太陽(たいよう)が眩(まぶ)しい。 태양이 눈부시다.
醜い	みにくい	**못생기다, 보기 흉하다, 추하다** 醜(みにく)い争(あらそ)いをする。 추한 다툼을 하다.
蒸し暑い	むしあつい	**무덥다** 日本(にほん)の夏(なつ)は蒸(む)し暑(あつ)い。 일본의 여름은 무덥다.
面倒くさい	めんどうくさい	**귀찮다, 번거롭다** 返事(へんじ)を書(か)くのが面倒(めんどう)くさい。 답장을 쓰는 것이 귀찮다.
申し訳ない	もうしわけない	**미안하다, 변명의 여지가 없다** 時間(じかん)に遅(おく)れて申(もう)し訳(わけ)ない。 시간에 늦어서 정말 미안하다.
もったいない ⊜ 惜(お)しい		**아깝다** 時間(じかん)がもったいない。 시간이 아깝다.
やかましい		**시끄럽다, 떠들썩하다** 工事(こうじ)の音(おと)がやかましい。 공사하는 소리가 시끄럽다.
やむを得ない ⊜ 仕方(しかた)がない, しょうがない	やむをえない	**어쩔 수 없다** やむを得(え)ない事情(じじょう)で欠席(けっせき)する。 어쩔 수 없는 사정으로 결석하다.
緩い	ゆるい	**느슨하다, 완만하다** 緩(ゆる)いカーブを曲(ま)がる。 완만한 커브를 돌다.
若々しい	わかわかしい	**젊어 보이다, 미숙하다** あの人(ひと)は若々(わかわか)しい。 저 사람은 젊어 보인다.

明らかな	あきらかな	**명백한** 失敗(しっぱい)の責任(せきにん)を明(あき)らかにする。 실패의 책임을 명백히 하다.
鮮やかな	あざやかな	**선명한, 뚜렷한** 鮮(あざ)やかな色(いろ)のドレスを着(き)る。 선명한 색상의 드레스를 입다.
安易な	あんいな	**안이한** 人生(じんせい)を安易(あんい)に考(かんが)える。 인생을 안이하게 생각하다.
意地悪な	いじわるな	**심술궂은** 意地悪(いじわる)な質問(しつもん)をする。 심술궂은 질문을 하다.
偉大な	いだいな	**위대한** 偉大(いだい)な業績(ぎょうせき)を残(のこ)す。 위대한 업적을 남기다.
一般的な	いっぱんてきな	**일반적인** これが一般的(いっぱんてき)な方法(ほうほう)です。 이것이 일반적인 방법입니다.
一方的な	いっぽうてきな	**일방적인** 一方的(いっぽうてき)に非難(ひなん)する。 일방적으로 비난하다.
おかしな		**이상한, 재미있는** おかしなことを言(い)って人(ひと)を笑(わら)わせる。 재미있는 말을 해서 사람을 웃게 하다.
主な	おもな	**주된, 주요한** 主(おも)なメンバーを紹介(しょうかい)する。 주요 멤버를 소개하다.
確実な	かくじつな	**확실한** あのチームの優勝(ゆうしょう)は確実(かくじつ)だ。 그 팀의 우승은 확실하다.
可能な ⊖ 不可能(ふかのう)な 불가능한	かのうな	**가능한** これは実現(じつげん)可能(かのう)な計画(けいかく)ではない。 이것은 실현 가능한 계획이 아니다.

からからな

바싹 마른, 매우 건조한

のどがからからだ。 목이 매우 마르다.

がらがらな

텅텅 빈, 한산한

電車はがらがらだった。 전철은 한산했다.

かわいそうな

불쌍한, 가여운

雨に濡れた子猫がかわいそうだ。

비에 젖은 새끼 고양이가 가엾다.

感情的な かんじょうてきな

감정적인

感情的になりやすい。 감정적으로 되기 쉽다.

肝心な かんじんな

중요한

何よりも基本が肝心だ。 무엇보다도 기본이 중요하다.

完全な かんぜんな

완전한

実験は完全に失敗した。 실험은 완전히 실패했다.

貴重な きちょうな

귀중한

貴重な情報を得る。 귀중한 정보를 얻다.

気楽な きらくな

마음 편한, 태평한

気楽に暮らす。 마음 편하게 살다.

けちな

인색한, 쩨쩨한

彼は金にけちだ。 그는 돈에 인색하다.

下品な げひんな

↔ 上品な 고상한

천박한, 상스러운, 품위 없는

言葉づかいが下品だ。 말씨가 상스럽다.

効果的な こうかてきな

효과적인

最も効果的な方法を選ぶ。

가장 효과적인 방법을 선택하다.

高価な こうかな

비싼, 값비싼

これはとても高価なものだ。

이것은 매우 비싼 물건이다.

好調な こうちょうな

상태가 좋은, 순조로운

新商品の売上は好調だ。 신상품의 매출은 순조롭다.

盛んな さかんな

왕성한, 활발한

工業が盛んになる。 공업이 활발해지다.

様々な さまざまな

여러 가지, 다양한

様々な方法がある。 다양한 방법이 있다.

幸せな しあわせな

행복한

幸せに暮らす。 행복하게 살다.

失礼な しつれいな

실례가 되는, 무례한

失礼なことを言う。 실례가 되는 말을 하다.

自動的な じどうてきな

자동적인

このドアは自動的に閉まる。
이 문은 자동적으로 닫힌다.

重大な じゅうだいな

중대한

重大な誤りに気づく。 중대한 잘못을 깨닫다.

自由な じゆうな

⊖ 不自由な 부자유스러운

자유로운

自由な時間を持つ。 자유로운 시간을 갖다.

重要な じゅうような

중요한

これは重要な書類である。 이것은 중요한 서류이다.

主要な しゅような

주요한, 중요한

主要な点を強調する。 중요한 점을 강조하다.

消極的な しょうきょくてきな

⊖ 積極的な 적극적인

소극적인

消極的な回答をする。 소극적인 대답을 하다.

正直な しょうじきな

솔직한, 정직한

すべてを正直に話してください。
모든 것을 솔직하게 이야기해 주세요.

上品な じょうひんな
⊖ 下品(げひん)な 천박한

고상한, 품위 있는

上品(じょうひん)な言葉(ことば)を使(つか)う。 고상한 말씨를 쓰다.

新鮮な しんせんな

신선한

新鮮(しんせん)な野菜(やさい)を食(た)べる。 신선한 채소를 먹다.

素敵な すてきな

멋있는, 멋진

素敵(すてき)な洋服(ようふく)を着(き)ている。 멋진 양복을 입고 있다.

素直な すなおな

순진한, 온순한, 순순한, 반듯한

アドバイスを素直(すなお)に聞(き)く。 충고를 순순히 듣다.

正確な せいかくな

정확한

正確(せいかく)な意味(いみ)を辞書(じしょ)で調(しら)べる。
정확한 의미를 사전에서 찾아보다.

清潔な せいけつな

청결한

子供(こども)に清潔(せいけつ)な衣服(いふく)を着(き)せる。
아이에게 청결한 의복을 입히다.

正常な せいじょうな

정상적인

機械(きかい)が正常(せいじょう)に動(うご)く。 기계가 정상적으로 움직이다.

積極的な せっきょくてきな
⊖ 消極的(しょうきょくてき)な 소극적인

적극적인

積極的(せっきょくてき)に発言(はつげん)する。 적극적으로 발언하다.

そっくりな

쏙 빼닮은

お父(とう)さんにそっくりだ。 아버지를 쏙 빼닮았다.

退屈な たいくつな

지루한, 무료한, 따분한

退屈(たいくつ)であくびが出(で)る。 지루해서 하품이 난다.

代表的な だいひょうてきな

대표적인

これはこの地域(ちいき)の代表的(だいひょうてき)な食(た)べ物(もの)だ。
이것은 이 지역의 대표적인 음식이다.

確かな たしかな

확실한

確(たし)かな情報(じょうほう)はまだない。 확실한 정보는 아직 없다.

短気な	たんきな	**성급한**	自分(じぶん)の短気(たんき)な性格(せいかく)を治(なお)したい。 자신의 성급한 성격을 고치고 싶다.
単純な	たんじゅんな	**단순한**	単純(たんじゅん)なミスで事故(じこ)が起(お)こる。 단순한 실수로 사고가 일어난다.
適当な	てきとうな	**적당한**	紙(かみ)を適当(てきとう)な大(おお)きさに切(き)る。 종이를 적당한 크기로 자르다.
得意な ⊖ 苦手(にがて)な 서툰	とくいな	**자신 있는, 능숙한, 잘하는**	姉(あね)はピアノが得意(とくい)だ。 언니(누나)는 피아노를 잘 친다.
なだらかな		**완만한, 순조로운**	なだらかな坂道(さかみち)を登(のぼ)る。 완만한 비탈길을 오르다.
苦手な ⊖ 得意(とくい)な 자신 있는	にがてな	**서툰, 자신 없는**	料理(りょうり)が苦手(にがて)だ。 요리가 서툴다.
熱心な	ねっしんな	**열심인**	熱心(ねっしん)に勉強(べんきょう)する。 열심히 공부하다.
派手な ⊖ 地味(じみ)な 수수한	はでな	**화려한**	服(ふく)に派手(はで)なリボンをつける。 옷에 화려한 리본을 달다.
平等な	びょうどうな	**평등한**	利益(りえき)を平等(びょうどう)に分配(ぶんぱい)する。 이익을 평등하게 분배하다.
不安な	ふあんな	**불안한**	将来(しょうらい)が不安(ふあん)だ。 장래가 불안하다.
不可能な ⊖ 可能(かのう)な 가능한	ふかのうな	**불가능한**	それは不可能(ふかのう)なことではない。 그것은 불가능한 일이 아니다.
複雑な ⊖ 簡単(かんたん)な 간단한	ふくざつな	**복잡한**	複雑(ふくざつ)な問題(もんだい)になる。 복잡한 문제가 되다.

不思議な	ふしぎな	**이상한, 신기한, 불가사의한** 不思議な夢を見る。 이상한 꿈을 꾸다.
不自由な ⊖ 自由な 자유로운	ふじゆうな	**부자유스러운, 불편한** 体の不自由な人を助ける。 몸이 불편한 사람을 돕다.
平気な	へいきな	**태연한, 아무렇지 않은** 平気でうそをつく。 아무렇지 않게 거짓말을 하다.
平凡な	へいぼんな	**평범한** 毎日平凡に暮らす。 매일 평범하게 지내다.
ぺこぺこな		**몹시 배가 고픈** お腹がぺこぺこだ。 배가 몹시 고프다.
変な	へんな	**이상한** この薬は変なにおいがする。 이 약은 이상한 냄새가 난다.
真っ赤な	まっかな	**새빨간, 붉은** 顔を真っ赤にして怒る。 얼굴을 붉히며 화를 내다.
真っ暗な	まっくらな	**아주 캄캄한** 真っ暗な道を歩く。 아주 캄캄한 길을 걷다.
真っ黒な	まっくろな	**새까만, 시꺼먼** 真っ黒に日焼けする。 새까맣게 햇볕에 타다.
真っ青な	まっさおな	**새파란** 顔が真っ青になる。 얼굴이 새파랗게 되다.
真っ白な	まっしろな	**새하얀** 洗濯して真っ白になる。 세탁을 하여 새하얗게 되다.
夢中な	むちゅうな	**집중하는, 열중하는, 몰두하는** ゲームに夢中になる。 게임에 열중하다.
明確な	めいかくな	**명확한** 明確には答えられない。 명확하게는 대답할 수 없다.

明白な	めいはくな	**명백한** 彼(かれ)が犯人(はんにん)であることは明白(めいはく)だ。 그가 범인인 것은 명백하다.
豊かな ⊜ 豊富(ほうふ)な	ゆたかな	**풍부한, 풍족한, 풍요로운** 豊(ゆた)かな生活(せいかつ)をする。 풍족한 생활을 하다.
楽な	らくな	**편한, 쉬운** この仕事(しごと)は楽(らく)ではない。 이 일은 쉽지 않다.
利口な ⊜ 賢(かしこ)い 영리하다	りこうな	**영리한, 머리가 좋은** 犬(いぬ)は利口(りこう)な動物(どうぶつ)だ。 개는 영리한 동물이다.
立派な	りっぱな	**훌륭한, 멋진** スーツを着(き)ると立派(りっぱ)に見(み)える。 정장을 입으면 멋지게 보인다.
冷静な	れいせいな	**냉정한, 침착한** 冷静(れいせい)な態度(たいど)で話(はな)す。 냉정한 태도로 이야기하다.

相変わらず あいかわらず
변함없이, 여전히
相変(あいか)わらず忙(いそが)しい。 변함없이 바쁘다.

あっという間に あっというまに
눈 깜짝할 사이에
夏休(なつやす)みもあっという間(ま)に終(お)わった。
여름휴가도 눈 깜짝할 사이에 끝났다.

あらゆる
모든 〈연체사〉
あらゆる機会(きかい)を利用(りよう)する。 모든 기회를 이용하다.

案外 あんがい
의외로, 뜻밖에, 예상외로
心配(しんぱい)していたが、テストは案外(あんがい)簡単(かんたん)だった。
걱정하고 있었는데 시험은 의외로 간단했다.

意外に いがいに
의외로, 뜻밖에, 예상외로
意外(いがい)に難(むずか)しい。 의외로 어렵다.

生き生き いきいき
생기있게, 활기차게
生(い)き生(い)きとした表情(ひょうじょう)をする。 생기있는 표정을 짓다.

いきなり
갑자기
いきなり怒(おこ)り出(だ)す。 갑자기 화를 내기 시작하다.

一応 いちおう
일단
一応(いちおう)、準備(じゅんび)はできた。 일단 준비는 되었다.

一気に いっきに
단숨에, 단번에
一気(いっき)に階段(かいだん)を駆(か)け上(あ)がる。 단숨에 계단을 뛰어오르다.

一生懸命 いっしょうけんめい
열심히
一生懸命(いっしょうけんめい)働(はたら)く。 열심히 일하다.

一斉に いっせいに
일제히, 한꺼번에, 동시에
一斉(いっせい)に出発(しゅっぱつ)する。 일제히 출발하다.

いつの間にか いつのまにか
어느샌가, 어느 틈엔가
雨(あめ)はいつの間(ま)にか止(や)んでいた。
비는 어느샌가 그쳐 있었다.

一般に いっぱんに

일반적으로

一般(いっぱん)に女性(じょせい)のほうが長生(ながい)きする。

일반적으로 여성 쪽이 장수한다.

今にも いまにも

당장에라도, 지금이라도, 금방이라도

今(いま)にも雨(あめ)が降(ふ)り出(だ)しそうだ。

당장에라도 비가 내릴 것 같다.

いらいら

안절부절못하는 모습, 초조해함

渋滞(じゅうたい)で車(くるま)が進(すす)まず、いらいらした。

정체로 차가 앞으로 나아가지 않아 초조했다.

うっかり

⊜ 思(おも)わず, つい

무심코, 깜빡

うっかりしゃべってしまう。 무심코 말해 버리다.

うろうろ

어슬렁어슬렁

怪(あや)しい男(おとこ)がうろうろしている。

수상한 남자가 어슬렁대고 있다.

大いに おおいに

대단히, 크게, 매우

大(おお)いに喜(よろこ)ぶ。 크게 기뻐하다.

お先に おさきに

먼저

お先(さき)に失礼(しつれい)します。 먼저 실례하겠습니다.

主に おもに

주로

講演会(こうえんかい)の参加者(さんかしゃ)は主(おも)に学生(がくせい)だった。

강연회의 참가자는 주로 학생이었다.

思わず おもわず

⊜ うっかり, つい

무심코, 엉겁결에, 저도 모르게

思(おも)わず笑(わら)ってしまった。 무심코 웃어버렸다.

およそ

⊜ おおよそ, ほぼ

대략, 대충

駅(えき)からおよそ20分(にじゅっぷん)かかる。 역에서 대략 20분 걸린다.

がっかり

실망하는 모양

受験(じゅけん)に失敗(しっぱい)してがっかりする。

수험에 실패하여 실망하다.

必ず かならず

반드시, 틀림없이, 꼭

宿題は必ずやりなさい。 숙제는 반드시 하세요.

必ずしも かならずしも

반드시, 꼭(~ない가 뒤따름)

よい本が必ずしも売れるとは限らない。

좋은 책이 반드시 잘 팔린다고는 할 수 없다.

きちんと

제대로, 말끔하게

部屋をきちんと片付けなさい。

방을 말끔하게 치워라.

ぎっしり

가득, 빽빽이

箱に本をぎっしり詰める。 상자에 책을 가득 채우다.

きっぱり

단호히, 딱 잘라

きっぱりと断る。 단호하게 거절하다.

急に きゅうに

갑자기

急に雨が降り出した。 갑자기 비가 내리기 시작했다.

ぎりぎり

빠듯하게, 아슬아슬

ぎりぎり終電に間に合う。

빠듯하게 막차 시간에 도착하다.

ぐっすり

푹(깊이 잠든 모습)

ぐっすり眠る。 푹 자다.

結局 けっきょく

결국

努力したが、結局失敗した。 노력했지만 결국 실패했다.

こっそり

⊜ そっと

몰래, 살짝

こっそりと室内に入る。 몰래 실내에 들어가다.

ごろごろ

① 데굴데굴

岩(いわ)がごろごろ転(ころ)がっている。
바위가 데굴데굴 구르고 있다.

② 빈둥빈둥

一日中家(いちにちじゅういえ)でごろごろしている。
하루종일 집에서 빈둥거리고 있다.

ざあざあ

주룩주룩, 콸콸

雨(あめ)がざあざあ降(ふ)っている。 비가 주룩주룩 내리고 있다.

さっき

조금 전, 아까

さっきから雨(あめ)が降(ふ)っている。
조금 전부터 비가 내리고 있다.

さっさと

빨리, 서둘러

さっさと家(いえ)へ帰(かえ)る。 서둘러 집으로 돌아가다.

早速 さっそく

㊁ すぐに

즉시, 당장

早速返事(さっそくへんじ)を出(だ)した。 즉시 답장을 보냈다.

ざっと

대충, 대략

ざっと説明(せつめい)する。 대략 설명하다.

しいんと

조용하게, 고요하게

教室(きょうしつ)はしいんとなった。 교실은 조용해졌다.

次第に しだいに

점차, 차츰

次第(しだい)に寒(さむ)くなる。 차츰 추워지다.

しっかり

단단히, 확실히

靴(くつ)のひもをしっかりと結(むす)ぶ。 신발 끈을 단단히 매다.

じっと

잠자코, 가만히, 물끄러미

じっと動(うご)かないでいる。 가만히 움직이지 않고 있다.

実は じつは

실은, 사실은

実(じつ)はお願(ねが)いがあります。 실은 부탁이 있습니다.

しばらく

잠시, 당분간, 얼마 동안

しばらく友達(ともだち)に会(あ)っていない。

얼마 동안 친구를 만나지 않았다.

しみじみ

절실히, 절절히

親(おや)のありがたさをしみじみと感(かん)じる。

부모의 고마움을 절실히 느낀다.

少々 しょうしょう

㊂ ちょっと

조금, 잠깐, 잠시

少々(しょうしょう)お待(ま)ちください。 잠시 기다려주세요.

徐々に じょじょに

서서히, 조금씩, 천천히

徐々(じょじょ)にスピードを上(あ)げる。 서서히 속도를 올리다.

ずいぶん

몹시, 아주, 대단히

体(からだ)の調子(ちょうし)がずいぶんよくなった。

몸 상태가 아주 좋아졌다.

ずきずき

욱신욱신, 지끈지끈(쑤시고 아픈 모습)

歯(は)が痛(いた)くて、ずきずきする。

이가 아파서 욱신욱신 쑤신다.

少なくとも すくなくとも

㊂ せめて

적어도

費用(ひよう)は少(すく)なくとも100万円(ひゃくまんえん)はかかる。

비용은 적어도 100만 엔은 든다.

少しも すこしも

㊂ ちっとも, 全然(ぜんぜん), まったく

조금도, 전혀

少(すこ)しも寒(さむ)くない。 조금도 춥지 않다.

すでに

이미, 벌써

会議(かいぎ)はすでに終(お)わっていた。

회의는 벌써 끝나 있었다.

絶対 ぜったい

절대

絶対(ぜったい)許(ゆる)さない。 절대 용서하지 않겠다.

ぜひ

꼭

ぜひ参加(さんか)してください。 꼭 참가해 주세요.

相当 そうとう

⊖ かなり

상당히

彼(かれ)は相当(そうとう)勉強(べんきょう)したようだ。 그는 상당히 공부한 것 같다.

続々 ぞくぞく

잇달아, 속속

注文(ちゅうもん)が続々(ぞくぞく)来(く)る。 주문이 잇달아 들어오다.

そっと

⊖ こっそり

살짝, 몰래, 조용히, 가만히

そっと涙(なみだ)をふく。 몰래 눈물을 닦다.

それぞれ

각각, 각자, 각기

それぞれ値段(ねだん)が違(ちが)う。 각각 가격이 다르다.

そろそろ

슬슬

そろそろ出(で)かけよう。 슬슬 나가자.

大して たいして

그다지, 별로

大(たい)して難(むずか)しくない。 그다지 어렵지 않다.

互いに たがいに

서로

互(たが)いに助(たす)け合(あ)う。 서로 돕다.

多少 たしょう

다소, 조금

多少(たしょう)遅(おく)れるかもしれない。 다소 늦을지도 모른다.

たっぷり

듬뿍, 잔뜩, 넉넉하게

パンにジャムをたっぷり塗(ぬ)る。

빵에 잼을 듬뿍 바르다.

たまたま

우연히, 때마침

たまたま駅(えき)で昔(むかし)の友達(ともだち)に会(あ)った。

우연히 역에서 옛 친구를 만났다.

単に たんに

단지, 다만

単(たん)に君(きみ)だけの問題(もんだい)ではない。

단지 너만의 문제는 아니다.

부사

ちかちか

① 반짝반짝(약하게 반짝거림)

部屋(へや)の明(あ)かりがちかちかする。 방의 불빛이 반짝인다.

② 따끔따끔(빛의 자극으로 눈이 따가움)

車(くるま)のライトで目(め)がちかちかする。
자동차의 라이트 때문에 눈이 따끔따끔하다.

ちゃんと

단정하게, 훌륭히

ちゃんとした服装(ふくそう)をする。 단정한 복장을 하다.

つい

= うっかり, 思(おも)わず

그만, 무심코

ついしゃべってしまう。 무심코 말해 버리다.

ついに

= とうとう, いよいよ, ようやく

마침내, 끝내

ついに完成(かんせい)した。 마침내 완성했다.

次々と　つぎつぎと

차례차례로, 잇달아

次々と(つぎつぎ)作品(さくひん)を発表(はっぴょう)する。 차례차례로 작품을 발표하다.

常に　つねに

= いつも

언제나, 늘, 항상

常(つね)に努力(どりょく)する。 항상 노력하다.

できれば

할 수 있으면, 가능하면

できれば午前中(ごぜんちゅう)に来(き)てほしい。
가능하면 오전 중에 왔으면 좋겠다.

同時に　どうじに

동시에

同時(どうじ)に出発(しゅっぱつ)する。 동시에 출발하다.

どきどき

(공포, 흥분, 기대로) 두근두근함

胸(むね)がどきどきする。 가슴이 두근두근하다.

突然　とつぜん

돌연, 갑자기

赤(あか)ちゃんが突然(とつぜん)泣(な)き出(だ)した。
아기가 갑자기 울기 시작했다.

なかなか

㊂ かなり, けっこう

① 꽤, 상당히

この本(ほん)はなかなかおもしろい。
이 책은 상당히 재미있다.

② 좀처럼(~ない가 뒤따름)

タクシーがなかなかつかまらない。
택시가 좀처럼 잡히지 않는다.

ながなが

매우 긴, 장황한

ながながとしゃべる。 장황하게 말하다.

なるべく

㊂ できるだけ

가능한 한

なるべく出席(しゅっせき)してください。
가능한 한 출석해 주세요.

にこにこ

싱글벙글

にこにこ笑(わら)う。 싱글벙글 웃다.

のろのろ

느릿느릿

のろのろと歩(ある)く。 느릿느릿 걷다.

のんびり

한가롭게, 여유롭게

のんびりと暮(く)らす。 여유롭게 지내다.

はきはき

시원시원, 또박또박

質問(しつもん)にはきはきと答(こた)える。 질문에 또박또박 대답하다.

ばったり

딱, 우연히

バス停(てい)でばったり先生(せんせい)に会(あ)った。
버스 정류장에서 우연히 선생님을 만났다.

早めに　はやめに

빨리, 일찌감치

早(はや)めに家(いえ)を出(で)る。 일찌감치 집을 나서다.

ぴかぴか

반짝반짝, 번쩍번쩍

靴(くつ)をぴかぴかに磨(みが)く。 구두를 반짝반짝하게 닦다.

ぴったり

딱, 꼭(빈틈없이 들어맞거나 잘 어울리는 모습)

窓(まど)をぴったりと閉(し)める。 창을 꼭 닫다.

ふらふら

휘청휘청, 비틀비틀

熱(ねつ)でふらふらする。 열이 있어서 비틀비틀하다.

ぶらぶら

① 어슬렁어슬렁

近所(きんじょ)をぶらぶらと散歩(さんぽ)する。
근처를 어슬렁어슬렁 산책하다.

② 빈둥빈둥, 빈들빈들

家(いえ)でぶらぶらする。 집에서 빈둥거리다.

別に　べつに

별로, 딱히(~ない가 뒤따름)

そうなっても別(べつ)に困(こま)らない。
그렇게 되어도 딱히 곤란하지 않다.

別々に　べつべつに

따로따로

別々(べつべつ)に包(つつ)む。 따로따로 포장하다.

ぺらぺら

① 술술, 유창한

彼女(かのじょ)は英語(えいご)がぺらぺらだ。 그녀는 영어가 유창하다.

② 나불거리는, 나불나불

人(ひと)の秘密(ひみつ)をぺらぺら話(はな)す。
다른 사람의 비밀을 나불나불 이야기하다.

ほっと

안심하는 모양

その知(し)らせを聞(き)いてほっとした。
그 소식을 듣고 안심했다.

まごまご

우물쭈물, 갈팡질팡

出口(でぐち)が分(わ)からずまごまごする。
출구를 몰라 우물쭈물하고 있다.

まさか

설마

まさか失敗(しっぱい)するとは思(おも)わなかった。
설마 실패하리라고는 생각하지 않았다.

全く　まったく

① 완전히

⊜すっかり

全(まった)く同(おな)じだ。 완전히 같다.

② 전혀

⊜全然(ぜんぜん), ちっとも, 少(すこ)しも

全(まった)く酒(さけ)を飲(の)まない。 술을 전혀 마시지 않는다.

最も	もっとも	**가장, 제일** この山(やま)が最(もっと)も高(たか)い。 이 산이 가장 높다.
約	やく	**약, 대략** 食事代(しょくじだい)は約(やく)1万円(いちまんえん)だった。 식사비는 약 1만 엔이었다.
ようやく ⊜ とうとう, ついに, いよいよ		**간신히, 마침내** ようやく完成(かんせい)した。 마침내 완성했다.
わざと		**일부러** わざと壊(こわ)す。 일부러 고장 내다.

アイスクリーム	**아이스크림**	アイスクリームは甘(あま)くておいしい。 아이스크림은 달고 맛있다.
アウト	**아웃, 실패, 실격**	今回(こんかい)の試験(しけん)は完全(かんぜん)にアウトだ。 이번 시험은 완전히 실패이다.
アクセス	**액세스, 접근(성)**	ここは都心(としん)にアクセスしやすい。 여기는 도심 접근성이 좋다.
アドバイス	**조언, 충고**	友人(ゆうじん)としてアドバイスをする。 친구로서 충고를 하다.
アドレス	**주소**	メールアドレスを変更(へんこう)する。 메일 주소를 변경하다.
アナウンス	**안내, 안내방송, 공표**	電車(でんしゃ)の到着(とうちゃく)時刻(じこく)をアナウンスする。 전철의 도착 시각을 안내하다.
アマチュア	**아마추어**	アマチュア写真家(しゃしんか)として活動(かつどう)する。 아마추어 사진가로서 활동하다.
アルバム	**앨범**	アルバムに写真(しゃしん)を入(い)れる。 앨범에 사진을 넣다.
アルミホイル	**알루미늄 포일**	アルミホイルを敷(し)いて魚(さかな)を焼(や)く。 알루미늄 포일을 깔고 생선을 굽다.
アレルギー	**알레르기, 거부 반응**	アレルギーを起(お)こす。 알레르기를 일으키다.
アンケート	**앙케트, 설문 조사**	アンケートをとる。 설문 조사를 하다.
アンテナ	**안테나**	室内(しつない)アンテナを設置(せっち)する。 실내 안테나를 설치하다.

イコール

같음, 등호

この二(ふた)つはイコールではない。 이 두 가지는 같지 않다.

イメージ

이미지

会社(かいしゃ)のイメージがよくなる。 회사의 이미지가 좋아지다.

インク

잉크

赤(あか)インクで書(か)く。 빨간 잉크로 쓰다.

インスタント

인스턴트(식품), 즉석식품

インスタント食品(しょくひん)をよく食(た)べる。 인스턴트식품을 자주 먹는다.

インターネット

인터넷

インターネットで調(しら)べる。 인터넷으로 조사하다.

インタビュー

인터뷰

市長(しちょう)にインタビューする。 시장님을 인터뷰하다.

ウイルス

바이러스

ほとんどの風邪(かぜ)はウイルスが原因(げんいん)である。
대부분의 감기는 바이러스가 원인이다.

エネルギー

에너지

エネルギーを大切(たいせつ)に使(つか)う。 에너지를 소중히 사용하다.

エンジン

엔진

車(くるま)のエンジンがかからない。 차의 엔진의 시동이 걸리지 않는다.

オーバー

초과, 넘음

発表時間(はっぴょうじかん)をオーバーしてしまった。 발표 시간을 초과해 버렸다.

オフィス

사무실, 회사, 관공서

東京(とうきょう)はオフィスが多(おお)い。 도쿄에는 회사가 많다.

オペラ

오페라

オペラ歌手(かしゅ)になりたい。 오페라 가수가 되고 싶다.

カード

카드

カードにメッセージを書(か)く。 카드에 메시지를 쓰다.

カーナビ

자동차 내비게이션

カーナビで道(みち)を探(さが)す。 자동차 내비게이션으로 길을 찾다.

カーブ

커브

急(きゅう)カーブを曲(ま)がる。 급커브를 돌다.

カーペット

카펫, 양탄자

部屋(へや)にカーペットを敷(し)く。 방에 카펫을 깔다.

ガイド

가이드, 안내, 안내원

観光客(かんこうきゃく)に観光(かんこう)スポットをガイドする。
관광객에게 관광지를 안내하다.

カタログ

카탈로그

車(くるま)のカタログをもらってきた。 자동차의 카탈로그를 받아 왔다.

カバー

① 커버, 덮개

本(ほん)にカバーをかける。 책에 커버를 씌우다.

② 보충, 보완

欠点(けってん)をカバーする。 결점을 보완하다.

カラー

컬러, 색, 색깔

花(はな)にはたくさんのカラーがある。 꽃에는 다양한 색깔이 있다.

カロリー

칼로리

カロリーを取(と)りすぎる。 칼로리를 과도하게 섭취하다.

カンニング

부정행위

テストでカンニングをする。 시험에서 부정행위를 하다.

キャンセル

취소

予約(よやく)をキャンセルする。 예약을 취소하다.

キャンパス

캠퍼스, 대학 교정

この大学(だいがく)のキャンパスは広(ひろ)い。 이 대학의 캠퍼스는 넓다.

キャンプ

캠프, 캠핑

夏休(なつやす)みに山(やま)でキャンプする。 여름 방학에 산에서 캠핑하다.

クイズ

퀴즈

クイズを出(だ)す。 퀴즈를 내다.

クーラー

냉방기, 냉각기

クーラーで冷(ひ)えすぎた。 냉방기 때문에 너무 차가워졌다.

グラウンド

그라운드, 운동장

グラウンドに集(あつ)まってください。 운동장으로 모여주세요.

クラスメート

동급생

クラスメートと仲(なか)よくなる。 동급생과 사이가 좋아지다.

クリーニング

세탁, 드라이클리닝

シャツをクリーニングに出(だ)す。 셔츠를 세탁하도록 맡기다.

クリック

클릭

マウスをクリックする。 마우스를 클릭하다.

グループ

그룹, 모둠

三(みっ)つのグループに分(わ)けて調査(ちょうさ)する。 세 그룹으로 나누어 조사하다.

ゲーム

게임

毎日(まいにち)ゲームばかりしている。 매일 게임만 하고 있다.

コンビニ

편의점

コンビニでお弁当(べんとう)を買(か)う。 편의점에서 도시락을 사다.

サービス

서비스

あの店(みせ)はサービスがいい。 저 가게는 서비스가 좋다.

サイズ

사이즈, 크기

ズボンのサイズが合(あ)わない。 바지 사이즈가 맞지 않는다.

サッカー

축구

友達(ともだち)とサッカーを見(み)に行(い)く。 친구와 축구를 보러 가다.

サラリーマン

샐러리맨, 회사원

兄(あに)はサラリーマンです。 형(오빠)은 회사원입니다.

ショップ

상점, 가게

フラワーショップでアルバイトをする。
꽃가게에서 아르바이트를 하다.

スカーフ

스카프

スカーフを首(くび)に巻(ま)く。 스카프를 목에 감다.

スクール

학교, 학원

英会話(えいかいわ)スクールに通(かよ)っている。 영어 회화 학원에 다니고 있다.

スケート

스케이트

冬(ふゆ)はよくスケートに行(い)く。 겨울에는 자주 스케이트를 타러 간다.

スケジュール

스케줄, 일정

旅行(りょこう)のスケジュールを立(た)てる。 여행 스케줄을 세우다.

スタイル

스타일, 몸매, 모양, 양식

彼女(かのじょ)はスタイルがいい。 그녀는 스타일이 좋다.

ストーリー

스토리, 이야기, 줄거리

小説(しょうせつ)のストーリーを話(はな)す。 소설의 줄거리를 이야기하다.

ストップ

정지, 멈춤

台風(たいふう)で電車(でんしゃ)がストップする。 태풍으로 전철이 멈추다.

ストレス

스트레스

ストレスがたまる。 스트레스가 쌓이다.

セール

세일, 할인 판매

冬(ふゆ)のセールでコートを買(か)った。 겨울 세일로 코트를 샀다.

セット

① 세트, 한 벌

コーヒーセットをプレゼントする。 커피 세트를 선물하다.

② 설정, 맞춤

目覚(めざ)まし時計(どけい)を6時(ろくじ)にセットした。 자명종을 6시로 설정했다.

センター

센터

サービスセンターでカメラを修理(しゅうり)してもらう。
서비스 센터에서 카메라를 수리 받다.

ソース

소스, 양념

ソースをかけて食(た)べる。 소스를 뿌려서 먹다.

ソファー

소파

ソファーに座(すわ)ってテレビを見(み)る。 소파에 앉아 텔레비전을 보다.

ダイエット

다이어트

ダイエットして体重(たいじゅう)を落(お)とす。 다이어트를 해서 체중을 줄이다.

ダイヤモンド

다이아몬드

ダイヤモンドの指輪(ゆびわ)をプレゼントする。
다이아몬드 반지를 선물하다.

ダイヤル

다이얼

ダイヤルを回(まわ)す。 다이얼을 돌리다.

タオル

타월, 수건

タオルで拭(ふ)く。 수건으로 닦다.

ダム

댐

ダムの工事(こうじ)を進(すす)める。 댐 공사를 추진하다.

チップ

팁

店員(てんいん)にチップをやる。 점원에게 팁을 주다.

チャレンジ

도전

今年(ことし)は外国語(がいこくご)にチャレンジしてみたい。
올해는 외국어에 도전해 보고 싶다.

テイクアウト

㊐ 持(も)ち帰(かえ)り

가져감, 포장

店(みせ)の料理(りょうり)をテイクアウトする。 가게의 요리를 포장하다.

データ

데이터, 자료

データを集(あつ)める。 데이터를 수집하다.

テーマ

테마, 주제

論文(ろんぶん)のテーマを決(き)める。 논문의 테마를 정하다.

デザート
디저트, 후식

デザートにアイスクリームを出(だ)す。 디저트로 아이스크림을 내다.

デザイン
디자인

彼女(かのじょ)は既製服(きせいふく)のデザインをしている。
그녀는 기성복의 디자인을 하고 있다.

デジカメ
⊜デジタルカメラ

디지털카메라

デジカメで写真(しゃしん)を撮(と)る。 디지털카메라로 사진을 찍다.

トップ
톱, 정상, 1등, 머리기사

トップで合格(ごうかく)する。 1등으로 합격하다.

ドライブ
드라이브

ドライブに行(い)く。 드라이브하러 가다.

ドライヤー
헤어드라이어, 드라이기, 건조기

ドライヤーで髪(かみ)を乾(かわ)かす。 드라이기로 머리카락을 말리다.

トレーニング
트레이닝, 훈련

トレーニングを受(う)ける。 트레이닝을 받다.

トンネル
터널

列車(れっしゃ)がトンネルに入(はい)る。 열차가 터널로 들어가다.

ネックレス
목걸이

真珠(しんじゅ)のネックレスをする。 진주 목걸이를 하다.

ネット
① 네트, 그물

テニスコートにネットを張(は)る。 테니스 코트에 네트를 치다.

② 인터넷

ネット上(じょう)にデータを保存(ほぞん)する。 인터넷상에 데이터를 보존하다.

ノック
노크

ノックをして部屋(へや)に入(はい)る。 노크를 하고 방에 들어가다.

パーセント
퍼센트, %

5(ご)パーセント増加(ぞうか)する。 5% 증가하다.

ハート	**하트, 심장, 마음** ハートの形をしたチョコレートを作る。 하트 모양을 한 초콜릿을 만들다.
ハイキング	**하이킹** 近くの山をハイキングする。 가까운 산을 하이킹하다.
バイク	**오토바이** 店の前にバイクを止める。 가게 앞에 오토바이를 세우다.
バイト ⊜ アルバイト	**아르바이트** バイトをして学校を出る。 아르바이트를 해서 학교를 졸업하다.
バケツ	**양동이** バケツに水を入れる。 양동이에 물을 넣다.
パス ⊜ 合格 합격	**패스, 통과, 합격** 試験にパスする。 시험을 통과하다.
パスポート	**패스포트, 여권** パスポートを落としてしまった。 여권을 잃어 버렸다.
バック	**후진** 車がバックする。 차가 후진하다.
ハンドバッグ	**핸드백** 彼女は赤いハンドバッグを持っている。 그녀는 빨간 핸드백을 들고 있다.
パンフレット	**팸플릿, 안내책자** 旅行のパンフレットを集める。 여행 안내책자를 모으다.
ビタミン	**비타민** みかんはビタミンCが多い。 귤은 비타민 C가 많다.
ビデオ	**비디오** 授業でビデオを使う。 수업에서 비디오를 사용하다.

ビニール

비닐

大量(たいりょう)のビニール袋(ぶくろ)を使用(しよう)する。 대량의 비닐 봉투를 사용하다.

ヒント

힌트, 암시, 귀띔

ヒントを与(あた)える。 힌트를 주다.

ファイル

파일, 서류철

ファイルを引(ひ)き出(だ)しにしまう。 파일을 서랍에 보관하다.

ファストフード

패스트푸드

ファストフードも安(やす)くはない。 패스트푸드도 싸지는 않다.

ファスナー

지퍼

ジャンパーのファスナーをかける。 점퍼의 지퍼를 채우다.

ファックス

팩스

外国(がいこく)にファックスを送(おく)る。 외국에 팩스를 보내다.

ブラウス

블라우스

白(しろ)いブラウスを着(き)る。 흰 블라우스를 입다.

ブラシ

브러시, 솔

ブラシで靴(くつ)を磨(みが)く。 솔로 구두를 닦다.

プラス

플러스, 추가, 이득

料金(りょうきん)に税金(ぜいきん)をプラスする。 요금에 세금을 추가하다.

ブレーキ

브레이크, 제동

急(きゅう)ブレーキをかける。 급브레이크를 걸다.

ベスト

최고, 최선

このやり方(かた)がベストだ。 이 방법이 최선이다.

ベルト

벨트, 허리띠

ズボンのベルトを緩(ゆる)める。 바지의 벨트를 느슨하게 하다.

ボーナス

보너스

夏(なつ)のボーナスで海外旅行(かいがいりょこう)を予定(よてい)している。
여름 보너스로 해외여행을 갈 예정이다.

ホームページ	**홈페이지** 会社(かいしゃ)のホームページを作(つく)る。 회사의 홈페이지를 만들다.
ポスター	**포스터** 壁(かべ)にポスターを貼(は)る。 벽에 포스터를 붙이다.
マイク	**마이크** マイクを通(つう)じて話(はな)す。 마이크를 통해서 이야기하다.
マイナス	**마이너스, 빼기, 손실, 영하** 気温(きおん)がマイナスになる。 기온이 영하가 되다.
マナー	**매너, 예의** 電車(でんしゃ)の中(なか)では、マナーを守(まも)りましょう。 전철 안에서는 매너를 지킵시다.
マフラー	**머플러** マフラーをして出(で)かける。 머플러를 하고 외출하다.
マラソン	**마라톤** マラソン大会(たいかい)に参加(さんか)する。 마라톤 대회에 참가하다.
マンション	**맨션, (맨션)아파트** 都心(としん)のマンションを買(か)う。 도심에 있는 아파트를 사다.
ミス	**미스, 실수, 실책, 오류** 計算(けいさん)をミスする。 계산을 실수하다.
ミルク	**우유** 赤(あか)ちゃんにミルクをやる。 아기에게 우유를 주다.
メール	**메일** 毎日(まいにち)メールをチェックしている。 매일 메일을 확인하고 있다.
メニュー	**메뉴** メニューを見(み)て注文(ちゅうもん)する。 메뉴를 보고 주문하다.
メンバー	**멤버** メンバーが全員(ぜんいん)集(あつ)まる。 멤버가 모두 모이다.

ユーモア

유머, 익살

彼(かれ)はユーモアが通(つう)じない人(ひと)だ。 그는 유머가 통하지 않는 사람이다.

ヨーロッパ

유럽

ヨーロッパへ旅行(りょこう)に出(で)かける。 유럽으로 여행을 떠나다.

ライオン

사자

ライオンはネコの仲間(なかま)である。 사자는 고양이의 동류이다.

ライト

라이트, 등, 조명

ライトをつける。 조명을 켜다.

ランチ

점심, 점심 식사

ランチメニューを注文(ちゅうもん)する。 점심 메뉴를 주문하다.

ランニング

달리기

毎朝(まいあさ)ランニングをする。 매일 아침 달리기를 하다.

リーダー

리더, 지도자, 통솔자

チームのリーダーになる。 팀의 리더가 되다.

リサイクル

리사이클링, 재활용

ペットボトルをリサイクルする。 페트병을 재활용하다.

リットル

리터

1(いち)リットルのミルクを買(か)う。 1리터짜리 우유를 사다.

リボン

리본

プレゼントにリボンをかける。 선물에 리본을 두르다.

レインコート

레인코트, 우의, 비옷

雨(あめ)の日(ひ)はレインコートを着(き)て出(で)かける。
비가 오는 날은 비옷을 입고 외출한다.

レシピ

조리법

レシピを見(み)て料理(りょうり)を作(つく)る。 조리법을 보고 요리를 만들다.

レンズ

렌즈

カメラのレンズを替(か)える。 카메라의 렌즈를 바꾸다.

ロビー

로비

ロビーで待(ま)ち合(あ)わせする。 로비에서 기다리다.

ロボット

로봇

ロボットが自動車(じどうしゃ)を生産(せいさん)する。 로봇이 자동차를 생산하다.

JLPT
보카

N3

문자 · 어휘
모의고사
1 회

問題１　＿＿＿のことばの読み方として最もよいものを、１・２・３・４から一つえらびなさい。

1　梅雨時(つゆどき)は湿気が多い。

1 しつき　　2 しつけ　　3 しっけ　　4 せつけ

2　明日、講堂(こうどう)で進学(しんがく)説明会を行います。

1 あつかいます　　2 いいます

3 おこないます　　4 かよいます

3　学校の裏に公園があります。

1 うしろ　　2 うら　　3 おもて　　4 さか

4　相手に自分の名刺を渡(わた)す。

1 めいし　　2 めいしょ　　3 なまえ　　4 なふだ

5　会社の給料(きゅうりょう)に不満がある。

1 ふあん　　2 ふまん　　3 ふへい　　4 ふひょう

6　店の前でチラシを配っている。

1 くばって　　2 うばって　　3 だまって　　4 にぎって

7　一人ずつ順番(じゅんばん)に発表してください。

1 はちひょう　　2 はちびょう　　3 はつひょう　　4 はっぴょう

8　この家の一階に大家さんが住んでいる。

1 おおいえ　　2 だいか　　3 おおや　　4 だいや

問題２ ＿＿＿のことばを漢字で書くとき、最もよいものを１・２・３・４から一つえらびなさい。

9 コップの中のこおりが溶けた。

1 冷　2 涼　3 泳　4 氷

10 物価（ぶっか）が上がって、生活がくるしい。

1 貧しい　2 寂しい　3 苦しい　4 険しい

11 事故を防（ふせ）ぐたいさくを考える。

1 代責　2 対策　3 低責　4 方策

12 この道は、桜のなみきが美しい。

1 並木　2 並枝　3 波木　4 波枝

13 図書館で借りた本がやぶれてしまった

1 壊れて　2 切れて　3 破れて　4 割れて

14 就職（しゅうしょく）のめんせつを受ける。

1 間接　2 間談　3 面談　4 面接

1회

問題3（　　　）に入れるのに最もよいものを１・２・３・４から一つえらびなさい。

15　階段で（　　　）、足に怪我(けが)をした

1 かぞえて　　2 ながれて　　3 ころんで　　4 やすんで

16　チームの（　　　）が怪我(けが)で入院した。

1 ダイエット　　2 チャレンジ　　3 メンバー　　4 ストレス

17　授業中に眠くて何度も（　　　）が出た。

1 あくび　　2 くしゃみ　　3 せき　　4 しゃっくり

18　血液(けつえき)（　　　）の前には食事をしないでください。

1 審査(しんさ)　　2 検査(けんさ)　　3 調子(ちょうし)　　4 検索(けんさく)

19　家を買うためにお金を（　　　）いる。

1 あげて　　2 ためて　　3 くわえて　　4 のせて

20　ガラス食器(しょっき)は割れると危険ですから、気を（　　　）ください。

1 して　　2 なって　　3 ついて　　4 つけて

21　一生懸命(いっしょうけんめい)がんばったのに、負けてしまって（　　　）。

1 くわしい　　2 けわしい　　3 くやしい　　4 しつこい

22　ホテルのフロントに荷物(にもつ)を（　　　）、町を見物(けんぶつ)した。

1 あずけて　　2 あらわして　　3 さけて　　4 まねいて

23　朝から会議を続けているが、なかなか（　　　）が出ない。

1 結局(けっきょく)　　2 結論(けつろん)　　3 完成(かんせい)　　4 完了(かんりょう)

24 今朝、旅行に出かける両親を空港まで（　　　）に行った。

1 見送り（みおくり）　2 見舞い（みまい）　3 出会い（であい）　4 出迎え（でむかえ）

25 進学するか就職（しゅうしょく）するか、（　　　）いるんです。

1 といて　2 ならべて　3 おとずれて　4 まよって

1회

問題４ ＿＿＿に意味が最も近いものを、１・２・３・４から一つえらびなさい。

26 ここは東京より多少暑い。

1 少しも　2 ちょっと　3 非常に　4 たくさん

27 人気のある商品なのでなかなか値段(ねだん)が安くならない。

1 品物(しなもの)　2 物体(ぶったい)　3 売場(うりば)　4 物価(ぶっか)

28 電話をして、会議の参加者(さんかしゃ)を確認してください。

1 たしかめて　2 さがして　3 せめて　4 みつけて

29 寝坊(ねぼう)をして、いつもの電車に乗り遅れた。

1 乗ることができた　2 間に合わなかった

3 逃げてしまった　4 間違えた

30 このスーツ、あなたにぴったりですね。

1 ちょっと大きいです　2 よく似合います

3 よく似ています　4 小さすぎます

問題５ つぎのことばの使い方として最もよいものを、１・２・３・４から一つえらびなさい。

31 交流

1 この道は平日に比べ、休日の交流が多い。
2 近年外国との文化交流が盛んになっている。
3 父は彼との交流をやめるように忠告した。
4 道路と道路が交流する交差点では事故が起きやすい。

32 アドバイス

1 パソコンを買うために、パン屋でアドバイスしている。
2 困ったとき、上田さんがいろいろとアドバイスしてくれた。
3 電車の音がうるさくてホームのアドバイスが聞こえない。
4 カレンダーを見ながら、旅行のアドバイスを立てた。

33 修理

1 作文の間違ったところを、先輩に修理してもらった。
2 プリンタがこわれたので、修理に出した。
3 費用の問題で、計画を修理しなければならない。
4 大学院へ進学するには大学を修理しなければならない。

34 あきらめる

1 毎日食べているので、コンビニ弁当にはもうあきらめた。
2 貯金がたまったら、車を買おうとあきらめている。
3 商品は気に入ったが、値段が高かったので買うのをあきらめた。
4 久しぶりに友だちの家を訪ねたが、道が分からなくてあきらめた。

35 はきはき

1 冬の夜空（よぞら）に星がはきはきと輝（かがや）いている。

2 初めて降りた駅で出口が分からずはきはきとした。

3 石田（いしだ）君は先生の質問にはきはきと答えた。

4 台風が近づいて、雨がはきはきと降っている。

JLPT 보카

N3

문자 · 어휘 모의고사

2회

問題１　＿＿＿＿のことばの読み方として最もよいものを、１・２・３・４から一つえらびなさい。

1　会議で決まったことを記録する。

1 きえん　　2 きろく　　3 きりょく　　4 きれき

2　自分の欠点は、自分で気づくのが難しい。

1 かくてん　　2 かってん　　3 けてん　　4 けってん

3　床をきれいに掃除（そうじ）する。

1 さか　　2 ゆか　　3 とこ　　4 よこ

4　商品（しょうひん）の代金（だいきん）をカードで払った。

1 はらった　　2 まもった　　3 くばった　　4 ひろった

5　山田（やまだ）さんに今までの事情を説明した。

1 しせい　　2 じせい　　3 ししょう　　4 じじょう

6　母から小包が届いた。

1 こづつみ　　2 こつづみ　　3 しょうほう　　4 しょうぼう

7　新商品の販売（はんばい）を延期することになった。

1 えいき　　2 えんき　　3 ていき　　4 てんき

8　職場の人間関係に悩んでいる。

1 しょくば　　2 しょくじょう　　3 しきば　　4 しきじょう

問題2 ＿＿＿のことばを漢字で書くとき、最もよいものを1・2・3・4から一つえらびなさい。

9 駅のかいさつのところで待ち合わせをした。

1 改札　2 改礼　3 開札　4 開礼

10 あいての気持ちを考えずに発言する。

1 合手　2 合対　3 相手　4 相対

11 卒業する皆さんの今後の活躍(かつやく)とこううんを祈(いの)ります。

1 高運　2 幸運　3 功運　4 向運

12 二人は腕をくんで歩いていた。

1 組んで　2 作んで　3 積んで　4 結んで

13 私は東京(とうきょう)にとまるときは、いつもこのホテルを利用している。

1 停まる　2 留まる　3 泊まる　4 駐まる

14 冬は空気がかんそうするから、火事が起きやすい。

1 干操　2 干燥　3 乾操　4 乾燥

問題３（　　　）に入れるのに最もよいものを１・２・３・４から一つえらびなさい。

15　本を読んで自分の（　　　）をレポートにまとめた。

1 感覚　　2 感想　　3 感謝　　4 感心

16　あの人は（　　　）うそをつくから信用できない。

1 平気で　　2 残念で　　3 ていねいに　　4 冷静に

17　交差点は事故が（　　　）しやすい。

1 発見　　2 発生　　3 出発　　4 活発

18　今朝は電話のベルの音で目が（　　　）。

1 ねむった　　2 ほえた　　3 ふかまった　　4 さめた

19　来週は旅行で、家を（　　　）にする。

1 留守　　2 移動　　3 利用　　4 建設

20　（　　　）した服装（ふくそう）で面接（めんせつ）に行く。

1 しいんと　　2 きちんと　　3 がっかり　　4 びっくり

21　この病気については、有効（ゆうこう）な治療法（ちりょうほう）はまだ（　　　）されていない。

1 発言　　2 発想　　3 発行　　4 発見

22　あなたが引っ越すという（　　　）を聞いたんですが、本当ですか。

1 うそ　　2 うわさ　　3 説明　　4 案内

23　間違えて大きい（　　　）のズボンを注文してしまった。

1 サイズ　　2 セール　　3 ダイヤル　　4 マイナス

24 畳（たたみ）がしかれている部屋を（　　　）という。

1 玄関　　2 居間　　3 和室　　4 台所

25 みんなに迷惑をかけて、（　　　）と思っている。

1 ありがたい　　2 わかわかしい

3 もうしわけない　　4 もったいない

問題４ ＿＿＿に意味が最も近いものを、１・２・３・４から一つえらびなさい。

26 彼は旅行が好きで、世界中ほうぼう歩いている。

1 あちこち　2 いらいら　3 うろうろ　4 まごまご

27 環境(かんきょう)問題は、人類(じんるい)だけでなくすべての生物(せいぶつ)にとって重大(じゅうだい)な問題だ。

1 あらゆる　2 ある　3 いわゆる　4 かぎりある

28 空港に到着したら電話してください。

1 いそいだら　2 ついたら　3 かかったら　4 とおしたら

29 運動は毎日続けていくことがもっとも大切です。

1 はやめに　2 なるべく　3 ほとんど　4 いちばん

30 ここは５歳未満(みまん)の子どもは入場(にゅうじょう)が無料です。

1 しはらい　2 わりびき　3 まけ　4 ただ

問題５ つぎのことばの使い方として最もよいものを、１・２・３・４から一つえらびなさい。

31 緊張（きんちょう）

1 道路の緊張（きんちょう）工事のために交通規制（きせい）をしている。
2 緊張（きんちょう）なときはガムを噛（か）むといいらしい。
3 大事な試験の前なので緊張（きんちょう）が高まっている。
4 彼は自分の緊張（きんちょう）を最後までまげなかった。

32 チャレンジ

1 来年は何か新しいことにチャレンジしようと思っています。
2 本日でこの店をチャレンジして１０年が経（た）ちました。
3 論文（ろんぶん）に必要なチャレンジをたくさん集めなければならない。
4 部屋に入るときは必ずチャレンジをしてください

33 そろそろ

1 もう３０分も待っているのに、友達はそろそろ来ない。
2 もっと話をしたいけど、そろそろいかなければいけません。
3 大勢（おおぜい）の前でスピーチをしたとき、胸がそろそろした。
4 渋滞（じゅうたい）で車がそろそろ走っているせいで、約束に遅れそうだ。

34 断（ことわ）る

1 彼は５年間勤（つと）めていた会社を断（ことわ）ってほかの会社に就職（しゅうしょく）した。
2 友人に映画に行こうと言われたが、ほかの用事があって誘いを断（ことわ）った。
3 タバコを断（ことわ）ってから、食欲（しょくよく）が出て体の調子（ちょうし）がとてもいい。
4 どんなに大変でも、歌手になるという夢は断（ことわ）りたくない。

35 なだらか

1 なだらかな坂道(さかみち)を登ったところに広い公園がある。

2 彼がその犯罪(はんざい)に関係(かんけい)しているのはなだらかだ。

3 上田(うえだ)さんはなだらかな性格(せいかく)で、すぐ会の人気者(にんきもの)になった。

4 海の方からなだらかな風が気持ちよく吹いてきた。

JLPT 보카

N3

문자 · 어휘 모의고사

3회

問題１ ＿＿＿のことばの読み方として最もよいものを、１・２・３・４から一つえらびなさい。

1 注文した本が届いた。

1 ちゅぶん　2 ちゅうぶん　3 ちゅもん　4 ちゅうもん

2 トラックで荷物を運んだ。

1 かもつ　2 こくもつ　3 にもつ　4 さくもつ

3 パーティーの司会をたのまれた。

1 しかい　2 しゃかい　3 せかい　4 しょうかい

4 油は水に浮く。

1 あく　2 うく　3 つく　4 ふく

5 あの角を左に曲がってください。

1 よこ　2 まち　3 みち　4 かど

6 探している資料がどこの図書館にあるのか調べた。

1 げんりよう　2 ひりょう　3 ざいりょう　4 しりょう

7 ネットで旅行の情報を集めた。

1 しょうほう　2 じょうほう　3 せいほう　4 ぜいほう

8 部屋が汚いから掃除(そうじ)をしよう。

1 きたない　2 おしい　3 くさい　4 みにくい

問題2 ＿＿＿のことばを漢字で書くとき、最もよいものを1・2・3・4から一つえらびなさい。

9 会議のにっていを決める。

1 予定　2 決定　3 日程　4 過程

10 きれいなみずうみを見ている。

1 港　2 湖　3 波　4 沖

11 彼が会社をやめてしまうのは残念だ。

1 決めて　2 閉めて　3 辞めて　4 退めて

12 技術(ぎじゅつ)がしんぽし、私たちの生活は便利になった。

1 進捗　2 推歩　3 進歩　4 推捗

13 最近、父は仕事が忙しくなって、きたくが遅い。

1 帰字　2 着宅　3 着字　4 帰宅

14 つくえの上をきれいにせいりした。

1 整理　2 正理　3 整里　4 正里

問題３（　　　）に入れるのに最もよいものを１・２・３・４から一つえらびなさい。

15　この機械の構造は（　　　）修理が大変だ。

1 簡単で　　2 複雑で　　3 適当で　　4 明確で

16　この電車は各駅に（　　　）します。

1 停車　　2 出発　　3 発車　　4 中止

17　図書館では騒いだりしないで（　　　）を守りましょう。

1 メニュー　　2 マナー　　3 サービス　　4 ユーモア

18　彼の説明には（　　　）できないところが多い。

1 希望　　2 準備　　3 納得　　4 心配

19　新人賞をもらった選手に、（　　　）をして記事を書いた。

1 オーバー　　2 イメージ　　3 コレクション　　4 インタビュー

20　学生食堂は、お昼の時間になると長い（　　　）ができている。

1 線　　2 裏　　3 案　　4 列

21　とても（　　　）映画だったので、途中で寝てしまった。

1 新鮮な　　2 退屈な　　3 険しい　　4 懐かしい

22　最近太ったのか、ズボンが（　　　）なった。

1 ゆるく　　2 おしく　　3 きつく　　4 ぬるく

23　家族みんなでテーブルを（　　　）楽しく食事をした。

1 超えて　　2 囲んで　　3 触って　　4 渡って

24　交通事故のため、道路の（　　　）が発生した。

1 速度　　2 故障　　3 往復　　4 渋滞

25　この物語に（　　　）する人たちは、みんな大きな夢を持っている。

1 入場　　2 面会　　3 登場　　4 集会

問題４ ＿＿＿に意味が最も近いものを、１・２・３・４から一つえらびなさい。

26 今日勉強したことは暗記してください。

1 おぼえて　2 ならって　3 おもいだして　4 メモして

27 この件は冷静に考える必要がある。

1 べつべつに　2 たがいに　3 おちついて　4 いそいで

28 毎日の計画を細かく立てて実行する。

1 まぶしく　2 ゆるく　3 したしく　4 くわしく

29 事故を防（ふせ）ぐためにさまざまな対策（たいさく）を考える。

1 すてきな　2 おもな　3 てきとうな　4 いろいろな

30 家から学校まで約１時間かかります。

1 だいたい１時間　2 １時間以上

3 １時間未満（みまん）　4 ちょうど１時間

問題5 つぎのことばの使い方として最もよいものを、1・2・3・4から一つえらびなさい。

31 おごる

1 この本は私が父におごったものです。
2 今日は私がおごるからどんどん注文(ちゅうもん)して。
3 手作(てづく)りの料理をおごっていただいて恐縮(きょうしゅく)です。
4 入学祝(いわ)いに気持ちばかりのプレゼントをおごった。

32 働(はたら)き

1 このお茶は眠気(ねむけ)をさます働(はたら)きが入っている。
2 疲れてくると、頭の働(はたら)きが鈍(にぶ)くなる。
3 今日一日の仕事で、これしか働(はたら)きをもらえなかった。
4 この作品の働(はたら)きがわかるとは、岡田(おかだ)さんも目が高い。

33 次第(しだい)に

1 景気(けいき)は次第(しだい)に回復(かいふく)しつつある。
2 山の上から見る景色(けしき)は、次第(しだい)に美しい。
3 タクシーに乗ったら電車より次第(しだい)に時間がかかった。
4 あいさつは抜(ぬ)きにして、次第(しだい)に会議を始めましょう。

34 うたがう

1 中川君(なかがわくん)は、クラスのみんながうたがっている人気者(にんきもの)である。
2 私はときどき自然にうたがって山登(やまのぼ)りに行く。
3 あの人は、私がうそを言っているのではないかとうたがっている。
4 今度の試合で山田選手(やまだせんしゅ)が優勝(ゆうしょう)するだろうとうたがっていた。

35 楽（らく）

1 子どもたちが公園で楽（らく）そうに遊んでいる。

2 楽（らく）な姿勢（しせい）になって、少しでも休んでください。

3 昨日は、久しぶりに友だちに会って、本当に楽（らく）だった。

4 困った時は、遠慮（えんりょ）しないで楽（らく）に電話してください。

1회 정답

1 ③	2 ③	3 ②	4 ①	5 ②	6 ①	7 ④	8 ③	9 ④	10 ③
11 ②	12 ①	13 ③	14 ④	15 ③	16 ③	17 ①	18 ②	19 ②	20 ④
21 ③	22 ①	23 ②	24 ①	25 ④	26 ②	27 ①	28 ①	29 ②	30 ②
31 ②	32 ②	33 ②	34 ③	35 ③					

1회 해석

| 문제1 |

1 梅雨時は湿気(しっけ)が多い。

장마철은 습기가 많다.

2 明日、講堂で進学説明会を行います(おこないます)。

내일 강당에서 진학설명회를 실시합니다.

3 学校の裏(うら)に公園があります。

학교 뒤에 공원이 있습니다.

4 相手に自分の名刺(めいし)を渡す。

상대방에게 자신의 명함을 건네다.

5 会社の給料に不満(ふまん)がある。

회사 월급에 불만이 있다.

6 店の前でチラシを配って(くばって)いる。

가게 앞에서 전단지를 나눠주고 있다.

7 一人ずつ順番に発表(はっぴょう)してください。

한 명씩 차례대로 발표해 주세요.

8 この家の一階に大家(おおや)さんが住んでいる。

이 집 1층에 집주인이 살고 있다.

| 문제2 |

9 コップの中のこおり(氷)が溶けた。

컵 안의 얼음이 녹았다.

10 物価が上がって、生活がくるしい(苦しい)。

물가가 올라 생활이 괴롭다.

11 事故を防ぐたいさく(対策)を考える。

사고를 방지할 대책을 생각하다.

12 この道は、桜のなみき(並木)が美しい。

이 길은 벚꽃 가로수가 아름답다.

13 図書館で借りた本がやぶれて(破れて)しまった。

도서관에서 빌린 책이 찢어져 버렸다.

14 就職のめんせつ(面接)を受ける。

취업 면접을 보다.

| 문제3 |

15 階段でころんで、足に怪我をした。

계단에서 넘어져 다리를 다쳤다.

16 チームのメンバーが怪我で入院した。

팀 멤버가 부상으로 입원했다.

17 授業中に眠くて何度もあくびが出た。

수업 중에 졸려서 자꾸 하품이 나왔다.

18 血液検査の前には食事をしないでください。

혈액 검사 전에는 식사를 하지 마십시오.

19 家を買うためにお金をためている。

집을 사기 위해 돈을 모으고 있다.

20 ガラス食器は割れると危険ですから、気をつけてください。

유리 식기는 깨지면 위험하니 조심하세요.

21 一生懸命がんばったのに、負けてしまってくやしい。

열심히 노력했는데 져버려서 억울하다.

22 ホテルのフロントに荷物をあずけて、町を見物した。

호텔 프런트에 짐을 맡기고 마을을 구경했다.

23 朝から会議を続けているが、なかなか結論が出ない。

아침부터 회의를 계속하고 있지만 좀처럼 결론이 나지 않는다.

24 今朝、旅行に出かける両親を空港まで見送りに行った。

오늘 아침 여행을 떠나는 부모님을 공항까지 배웅하러 갔다.

25 進学するか就職するか、まよっているんです。

진학을 할지 취직을 할지 망설이고 있습니다.

| 문제4 |

26 ここは東京より多少(＝ちょっと)暑い。

여기는 도쿄보다 다소 덥다.

27 人気のある商品(＝品物)なのでなかなか値段が安くならない。

인기가 많은 상품이라 좀처럼 가격이 싸지지 않는다.

28 電話をして、会議の参加者を確認して(＝たしかめて)ください。

전화해서 회의 참가자를 확인해 주세요.

29 寝坊をして、いつもの電車に乗り遅れた(＝間に合わなかった)。

늦잠을 자서 늘 타던 전철을 놓쳤다.

30 このスーツ、あなたにぴったりです(＝よく似合います)ね。

이 양복, 당신에게 딱이네요.

| 문제5 |

31 近年外国との文化交流が盛んになっている。

최근 외국과의 문화 교류가 활발해지고 있다.

32 困ったとき、上田さんがいろいろとアドバイスしてくれた。

곤란했을 때 우에다 씨가 여러가지로 조언해 주었다.

33 プリンタがこわれたので、修理に出した。

프린터가 고장나서 수리를 맡겼다.

34 商品は気に入ったが、値段が高かったので買うのをあきらめた。

상품은 마음에 들었지만 가격이 비싸서 사는 것을 포기했다.

35 石田君は先生の質問にはきはきと答えた。

이시다 군은 선생님의 질문에 또박또박 대답했다.

2회 정답

1 ②	2 ④	3 ②	4 ①	5 ④	6 ①	7 ②	8 ①	9 ①	10 ③
11 ②	12 ①	13 ③	14 ④	15 ②	16 ①	17 ②	18 ④	19 ①	20 ②
21 ④	22 ②	23 ①	24 ③	25 ③	26 ①	27 ①	28 ②	29 ④	30 ④
31 ③	32 ①	33 ②	34 ②	35 ①					

2회 해석

| 문제1 |

1 会議(かいぎ)で決(き)まったことを記録(きろく)する。

회의에서 결정된 것을 기록하다.

2 自分(じぶん)の欠点(けってん)は、自分(じぶん)で気(き)づくのが難(むずか)しい。

자신의 결점은 스스로 깨닫는 것이 어렵다.

3 床(ゆか)をきれいに掃除(そうじ)する。

바닥을 깨끗이 청소하다.

4 商品(しょうひん)の代金(だいきん)をカードで払った(はらった)。

상품의 대금을 카드로 지불했다.

5 山田(やまだ)さんに今(いま)までの事情(じじょう)を説明(せつめい)した。

야마다 씨에게 지금까지의 사정을 설명했다.

6 母(はは)から小包(こづつみ)が届(とど)いた。

어머니로부터 소포가 도착했다.

7 新商品(しんしょうひん)の販売(はんばい)を延期(えんき)することになった。

신상품의 판매를 연기하게 되었다.

8 職場(しょくば)の人間関係(にんげんかんけい)に悩(なや)んでいる。

직장의 인간관계로 고민하고 있다.

| 문제2 |

9 駅(えき)のかいさつ(改札)のところで待(ま)ち合(あ)わせをした。

역의 개찰구 쪽에서 만나기로 했다.

10 あいて(相手)の気持ちを考えずに発言する。

상대의 기분을 생각하지 않고 발언하다.

11 卒業する皆さんの今後の活躍とこううん(幸運)を祈ります。

졸업하는 여러분의 앞으로의 활약과 행운을 기원합니다.

12 二人は腕をくんで(組んで)歩いていた。

두 사람은 팔짱을 끼고 걷고 있었다.

13 私は東京にとまる(泊まる)ときは、いつもこのホテルを利用している。

나는 도쿄에 머무를 때는 항상 이 호텔을 이용하고 있다.

14 冬は空気がかんそう(乾燥)するから、火事が起きやすい。

겨울에는 공기가 건조하기 때문에 화재가 발생하기 쉽다.

| 문제3 |

15 本を読んで自分の感想をレポートにまとめた。

책을 읽고 자신의 감상을 리포트로 정리했다.

16 あの人は平気でうそをつくから信用できない。

그 사람은 태연하게 거짓말을 하기 때문에 신용할 수 없다.

17 交差点は事故が発生しやすい。

교차로는 사고가 발생하기 쉽다.

18 今朝は電話のベルの音で目が覚めた。

오늘 아침은 전화벨 소리에 잠이 깼다.

19 来週は旅行で、家を留守にする。

다음 주는 여행으로 집을 비운다.

20 きちんとした服装で面接に行く。

단정한 복장으로 면접을 보러 가다.

21 この病気については、有効な治療法はまだ発見されていない。

이 병에 대해서는 유효한 치료법은 아직 발견되지 않았다.

22 あなたが引っ越すといううわさを聞いたんですが、本当ですか。

당신이 이사를 간다는 소문을 들었는데 사실입니까?

23 間違えて大きいサイズのズボンを注文してしまった。

실수로 사이즈가 큰 바지를 주문해 버렸다.

24 畳がしかれている部屋を和室という。

다다미가 깔려 있는 방을 일본식 방이라고 한다.

25 みんなに迷惑をかけて、もうしわけないと思っている。

모두에게 폐를 끼쳐서 미안하게 생각하고 있다.

| 문제4 |

26 彼は旅行が好きで、世界中ほうぼう(＝あちこち)歩いている。

그는 여행을 좋아해서 전 세계 여기저기를 돌아다니고 있다.

27 環境問題は、人類だけでなくすべての(＝あらゆる)生物にとって重大な問題だ。

환경 문제는 인류뿐만 아니라 모든 생물에게 있어서 중대한 문제이다.

28 空港に到着したら(＝ついたら)電話してください。

공항에 도착하면 전화 주세요.

29 運動は毎日続けていくことがもっとも(＝いちばん)大切です。

운동은 매일 계속해 나가는 것이 가장 중요합니다.

30 ここは 5 歳未満の子どもは入場が無料(＝ただ)です。

이곳은 5세 미만의 어린이는 입장이 무료입니다.

| 문제5 |

31 大事な試験の前なので緊張が高まっている。

중요한 시험 전이라서 긴장이 고조되고 있다.

32 来年は何か新しいことにチャレンジしようと思っています。

내년에는 뭔가 새로운 것에 도전하려고 합니다.

33 もっと話をしたいけど、そろそろいかなければいけません。

더 이야기를 하고 싶지만 슬슬 가야 합니다.

34 友人に映画に行こうと言われたが、ほかの用事があって誘いを断った。

친구가 영화 보러 가자고 했지만 다른 일이 있어서 권유를 거절했다.

35 なだらかな坂道を登ったところに広い公園がある。

완만한 언덕길을 오른 곳에 넓은 공원이 있다.

3회 정답

1 ④	2 ③	3 ①	4 ②	5 ④	6 ④	7 ②	8 ①	9 ③	10 ②
11 ③	12 ③	13 ④	14 ①	15 ②	16 ①	17 ②	18 ③	19 ④	20 ④
21 ②	22 ③	23 ②	24 ④	25 ③	26 ①	27 ③	28 ④	29 ④	30 ①
31 ②	32 ②	33 ①	34 ③	35 ②					

3회 해석

| 문제1 |

1 注文(ちゅうもん)した本が届いた。
주문한 책이 도착했다.

2 トラックで荷物(にもつ)を運んだ。
트럭으로 짐을 옮겼다.

3 パーティーの司会(しかい)をたのまれた。
파티의 사회를 부탁받았다.

4 油は水に浮く(うく)。
기름은 물에 뜬다.

5 あの角(かど)を左に曲がってください。
저 모퉁이를 왼쪽으로 도세요.

6 探している資料(しりょう)がどこの図書館にあるのか調べた。
찾고 있는 자료가 어느 도서관에 있는지 조사했다.

7 ネットで旅行の情報(じょうほう)を集めた。
인터넷으로 여행 정보를 모았다.

8 部屋が汚い(きたない)から掃除をしよう。
방이 더러우니까 청소를 해야겠다.

| 문제2 |

9 会議のにってい(日程)を決める。
회의 일정을 정하다.

10 きれいなみずうみ(湖)を見ている。

깨끗한 호수를 보고 있다.

11 彼が会社をやめて(辞めて)しまうのは残念だ。

그가 회사를 그만두어 버리는 것은 유감이다.

12 技術がしんぽ(進歩)し、私たちの生活は便利になった。

기술이 진보하여 우리의 생활은 편리해졌다.

13 最近、父は仕事が忙しくなって、きたく(帰宅)が遅い。

최근 아버지는 일이 바빠져서 귀가가 늦다.

14 つくえの上をきれいにせいり(整理)した。

책상 위를 깨끗이 정리했다.

| 문제3 |

15 この機械の構造は複雑で修理が大変だ。

이 기계의 구조는 복잡해서 수리하기 힘들다.

16 この電車は各駅に停車します。

이 전철은 각 역에 정차합니다.

17 図書館では騒いだりしないでマナーを守りましょう。

도서관에서는 소란스럽게 하지 말고 매너를 지킵시다.

18 彼の説明には納得できないところが多い。

그의 설명에는 납득할 수 없는 점이 많다.

19 新人賞をもらった選手に、インタビューをして記事を書いた。

신인상을 받은 선수에게 인터뷰를 하여 기사를 썼다.

20 学生食堂は、お昼の時間になると長い列ができている。

학생 식당은 점심시간이 되면 긴 줄이 생긴다.

21 とても退屈な映画だったので、途中で寝てしまった。

아주 따분한 영화였기 때문에 도중에 잠들어 버렸다.

22 最近太ったのか、ズボンがきつくなった。

최근 살이 쪘는지 바지가 꼭 낀다.

23 家族(かぞく)みんなでテーブルをかこんで楽(たの)しく食事(しょくじ)をした。

가족 모두가 테이블을 둘러싸고 즐겁게 식사를 했다.

24 交通事故(こうつうじこ)のため、道路(どうろ)の渋滞(じゅうたい)が発生(はっせい)した。

교통사고 때문에 도로의 정체가 발생했다.

25 この物語(ものがたり)に登場(とうじょう)する人(ひと)たちは、みんな大(おお)きな夢(ゆめ)を持(も)っている。

이 이야기에 등장하는 사람들은 모두 큰 꿈을 가지고 있다.

| 문제4 |

26 今日(きょう)勉強(べんきょう)したことは暗記(あんき)して(＝おぼえて)ください。

오늘 공부한 것은 암기해(=외워) 주세요.

27 この件(けん)は冷静(れいせい)に(＝おちついて)考(かんが)える必要(ひつよう)がある。

이 건은 냉정하게(=침착하게) 생각할 필요가 있다.

28 毎日(まいにち)の計画(けいかく)を細(こま)かく(＝くわしく)立(た)てて実行(じっこう)する。

매일 계획을 세밀하게(=상세히) 세워서 실행한다.

29 事故(じこ)を防(ふせ)ぐためにさまざまな(＝いろいろな)対策(たいさく)を考(かんが)える。

사고를 막기 위해서 다양한(=여러 가지) 대책을 생각한다.

30 家(いえ)から学校(がっこう)まで約(やく)1時間(じかん)(＝だいたい1時間(じかん))かかります。

집에서 학교까지 약 1시간(=거의 1시간) 걸립니다.

| 문제5 |

31 今日(きょう)は私(わたし)がおごるからどんどん注文(ちゅうもん)して。

오늘은 내가 한턱낼 테니까 많이 많이 주문해.

32 疲(つか)れてくると、頭(あたま)の働(はたら)きが鈍(にぶ)くなる。

피곤해지면 두뇌 활동이 둔해진다.

33 景気(けいき)は次第(しだい)に回復(かいふく)しつつある。

경기는 점차 회복되고 있다.

34 あの人(ひと)は、私(わたし)がうそを言(い)っているのではないかとうたがっている。

저 사람은 내가 거짓말을 하고 있는 것이 아닌가라고 의심하고 있다.

35 楽(らく)な姿勢(しせい)になって、少(すこ)しでも休(やす)んでください。

편안한 자세로 조금이라도 쉬세요.

memo

memo

memo